《艺术之约》（美术卷）
主　编／音　渭　林　锜

艺术之约

Ingres

安格尔

音渭 刘晏伶 编著

山西出版传媒集团
山西教育出版社

图书在版编目（CIP）数据

安格尔 / 音渭，林锜主编 ；音渭，刘晏伶编著. -- 太原 :山西教育出版社, 2015.9

（艺术之约）

ISBN 978-7-5440-6260-2

Ⅰ.①安… Ⅱ.①音… ②林… ③音… ④刘… Ⅲ.安格尔，A.（1780-1867）-传记 Ⅳ.①K835.655.72

中国版本图书馆CIP数据核字(2015)第054132号

艺术之约·安格尔

（YISHU ZHI YUE ANGEER）

音渭、林锜 主编 音渭、刘晏伶 编著

出品人 雷俊林

策划人 孙 轶

责任编辑 李梦燕

装帧设计 王春声

出版发行 山西出版传媒集团·山西教育出版社

（地址：太原市水西门街馒头巷7号 电话：0351-4729801 邮编：030002）

印 装 山西臣功印刷包装有限公司

开 本 889×1194 1/32

印 张 7.5

字 数 116千字

版 次 2015年9月第1版 2015年9月山西第1次印刷

书 号 ISBN 978-7-5440-6260-2

定 价 31.90元

来赴一场艺术之约

（代序）

绘画是人类天生的艺术。人们从孩提时代，便懂得用简单的线条勾勒眼中的世界。

好花不长开，好景不长在，有人却能用画笔将一刹那定格成永恒；平凡的事，平凡的物，有人却能赋予其新的生命，带人们发现它的美好；有形的景，无形的情，有人却能将情感挥洒成动人心魄的色彩，唤起人们深深的共鸣。

这样的作品，这样的人，都是我们耳熟能详的。它们永恒地铭刻在人类文明史上，深植入我们的头脑，构成我们基本的常识。这套书，便是一封跨越世纪的邀请函，翻开它，来赴一场艺术之约。

它讲的是美术家的人生，同时用人生的河流串起每一处绝妙的风景，也就是他们的作品。他们的生命从哪里开始，他们有怎样的家庭、怎样的童年、怎样的爱情、怎样的病痛，又怎样成长、怎样探索、怎样谋生，那些伟大的作品又是在什么情况下诞生……你会在这里一一找到答案。

他们其实不是艺术圣坛上那一张张用来膜拜的画像，而是跟我们每个人一样，有血有肉，有哀有乐。米勒有一个温暖快乐的童年；雷诺阿生了一个成为 20 世纪著名导演的儿子；高更最先是一位从事金融业、收入丰厚的绘画“票友”；梵高直到生命的最后一年才卖出一幅画；毕加索情人无数，80 岁时还迎娶了 35 岁的妻子；蒙克一生在亲人去世、病痛、烟酒、精神癫狂中度过，却活到 81 岁高龄……每一幅经典画作，不再是展览墙上的木框，而与鲜活的生命相联系。你能够如此真切地感受到那些线条与色彩是由怎样的双手来勾勒的。

当这许多位美术家汇集到一起，又串起了一部美术史，他们是美术史的链条上最璀璨的珍珠。每一本书都不是孤立的，而是互相呼应，他们是自己的传主，同时又是其他传主的背景。有时，几位名家同时出现或前后承接，你会发现他们在时间和空间上竟如此相近。你仿佛徜徉在巴黎的卢浮宫，漫步在枫丹白露森林，沉浸在浓厚的艺术氛围中。你看到他们在塞纳河畔背着画夹写生，在学院的画室研究着比例与笔法，在街角烟雾缭绕的酒馆进行着思想的争鸣，在为参加各种沙龙而忙着选画、贴标签、装箱、布展……

你的美术素养不再停留在知道几幅画作、几个名字上，你与艺术的联系更加紧密。你会在一场美术展览中关注画作的派别和技巧，你会在子女接受美术教育时找出最经典的画作，你会在某个地方旅行时说出哪位美术家曾与你走过同一段路。

更重要的——你会更加深刻地感受到艺术的美好。面对安格尔的《泉》，你是否为少女洁白自然的胴体而赞叹？面对米勒的《晚钟》，你是否为农民的虔诚、宁静、纯洁而感动？面对雷诺阿的《煎饼磨坊的舞会》，你是否听到阳光在树叶的空隙中欢跃喧闹？面对梵高的《向日葵》，你的双眼是否被那火焰般的明亮点燃？

林　倚

2015 年 6 月于北京

目　　录

第 1 章：被上帝祝福的孩子

“我的儿子要接受最好的教育”

1780 年的秋天，在美丽的蒙托邦，泰斯库河和塔恩河静静地流淌着，粼粼的波纹交汇在一起，像两个朋友伸出健壮的胳膊紧紧相挽。水鸟掠过水面，栖息在河心的岛屿。这是多么静谧的景象！在岸边三三两两散步的人偶尔会抬起头，望望天空，感叹道：“啊，生活如此惬意！”

城外，平坦而一望无际的土地上，有一幢看似不起眼

> 蒙托邦：地处法国西南部，位于阿基坦盆地东南部，加龙河支流塔恩河畔，为塔恩—加龙省首府。

法国蒙托邦风光

的宅子，但是如果有淘气的小孩试图翻进窗户、捡回他失手飞进宅子的弹弓，就会惊讶于建筑内部装饰的豪华。花纹繁复而高雅的墙纸上挂着大大小小的画作，古代威严的神祇、穿着朴素的乡下人和趾高气扬的大臣被装裱在金碧辉煌的画框中，一言不发；桌面上，颜色惨白的石膏像、身姿婀娜的大理石少女、手持长矛的青铜士兵从各个角度无声地凝视这顽皮的入侵者。他会赶紧从原路惊慌失措地逃走。

“那个屋子里住的都是什么人？”稚童好奇地问父母。

“那里住着一位大老爷。”父母回答道。

一位鼎鼎大名的人物——约瑟夫·安格尔居住在这栋宅子里。他的职业之一是建筑设计师，同时他也是装饰雕刻师、绘画教授，甚至，顶顶了不起的是，他拥有一个响亮的头衔——蒙托邦皇家美术学院院士！他发自内心地热爱自己所从事的一切。而且，不满足于以上这些五花八门的领域，他还要涉足音乐之神的领域，一个人拥有如此广泛的才华与爱好，别人大概就能够理解他为何要把自己的家里装潢得眼花缭乱了。

艺术是约瑟夫毕生的挚爱，他日复一日、年复一年地创作，同时从各处收集让他一见倾心的艺术珍品，统统放进他的豪宅，并乐此不疲。而更令他愉快的是，在这看似普通的日子里，他的家庭迎来了一位新成员——一个身体健康的男孩！

窗帘严严实实地掩住了窗户，防止喜悦的母亲受到惊扰。阵痛渐渐消退，母亲的额头上还残留着汗迹，她喜不自胜地望着刚刚出生的小生命，声音很虚弱，但充满了初为人母的无限慈爱：“约瑟夫，把他抱过来，我要好好看看他。”

父亲紧张地搓着双手，在房间里来来回回地走着，明知道自己什么忙都帮不上，还是忍不住在所有事情中都插上一手。最后，在因为过度激动而颤抖的双手先后打翻了水盆、杯子以及各种各样的物件以后，他终于强忍着，克制住自己的毛手毛脚，连连嘱咐仆人：“轻一点，把他放到夫人的怀里……再轻一点……不要把他的胳膊压住了！”

“他将来会是一个了不起的人，”母亲怀着憧憬与自豪说，“你看他的额头多么饱满。你听我的——我要让他接受最好的教育。”

“让他和我一样走上艺术的道路，我可以给他找这个领域最优秀的老师。说真的，只有在艺术领域，我能帮上他的忙。”父亲思索着，一边征询妻子的意见，“你同不同意?”

“我当然不反对，”妻子微笑道，“我太信任你的才能了。他拥有一切——他出生在一堆画布、颜料和刻刀里。他继承你的一切，一定会超越你。”

这个衔着金钥匙出生的孩子，被取名为让·奥古斯特·多米尼克·安格尔。

小小的安格尔拥有一个大厚纸夹，这是六岁生日那天，父亲非常郑重地交给他的，从此以后，他可以每天一遍遍翻阅艺术大师们的作品。这个稚气未脱的幼童每天和拉斐尔、提香、柯列乔、鲁本斯、泰纳、华托、布歇笔下的人物见面。

“我非常高兴，”父亲抚摸着下巴说，“说实话，我一度担心他会把这些画纸都揉烂，或者用来磨牙齿。”

有时候一时兴起，父亲还会在小安格尔面前拉上一段小提琴，再把琴递给儿子，教导一番。

“我还是希望他学画画。”拉完琴以后，父亲说，“不过多一样爱好也不错！像我一样!”

来访的客人们会说：“这么小的孩子就开始摆弄画笔啦?”

父亲装作严肃地说：“我要是不看着他，他会把自己的衣服涂成五颜六色，再把颜料挤进嘴里。”

他偷偷地望着妻子，那表情像在骄傲地说：“什么是天赋？这就是天赋！”

“我终于明白什么叫‘与生俱来’的热爱了。”客人由衷地叹息道。

父亲强压住快要溢出来的笑容，给客人展示了小安格

拉斐尔·圣齐奥：意大利画家和建筑师，绘画以秀美著称。

提香：意大利文艺复兴后期威尼斯画派代表人物，被誉为“西方油画之父”。

柯列乔：意大利文艺复兴时期最伟大的画家之一，16 世纪早期创新派画家，壁画装饰艺术开拓者，创作了很多颇有影响的圣坛画。

鲁本斯：巴洛克艺术代表人物，他结合了文艺复兴时期的美术技巧、人文主义思想和佛兰德斯民族美术传统，形成独特技巧。

华托：18 世纪洛可可时期法国最重要、最具影响力的画家，画了大量具喜剧色彩的作品。

布歇：法国画家、版画家和设计师，他将洛可可风格发挥到了极致，曾担任法国美术学院院长和皇家首席画师。

尔的作品。

“你应该早早让他接受正式的艺术教育，他会成为第二个利奥纳多·达·芬奇或者拉斐尔。”客人略带恭维之意地建议道，“你知道哪些人是这个国家最好的艺术教师。”

“我正有此意。”父亲已经快要控制不住地笑出声来了。

送走了客人，父亲把小安格尔高高地举起来，在屋里转着圈儿。“你没有辜负爸爸的期望！”父亲喃喃地说，“我的天生热爱绘画的儿子！”小安格尔在空中挥舞着双臂，咯咯地笑着。

父亲把小安格尔放回到地毯上，对母亲说：“明年他就七岁，可以到教会学校学习正式课程了！”小安格尔在地毯上爬来爬去地摆弄着花花绿绿的图纸。父亲继续说：“所有的画家都会嫉妒他的！即使拉斐尔在世也会羡慕得

利奥纳多·达·芬奇：意大利文艺复兴三杰之一，欧洲文艺复兴时期最完美的代表，是一位思想深邃、学识渊博、多才多艺的画家、寓言家、雕塑家、发明家、哲学家、音乐家、医学家、生物学家、地理学家、建筑工程师和生物工程师。

不得了！他有这样的天赋，而且，降生在我们这个家庭里！我要把他培养成最伟大的画家！”

“你是一个了不起的父亲。”母亲说。

于是七岁的小安格尔来到了教会学校。像过去一样，他继续学习绘画，但也没有放下父亲的小提琴。他沉浸在光影与声响的世界里。一群穿着白衣服、有着天使般红润脸庞的孩子，每天聚在教堂的穹顶下，接受严格的学院教育。老师手把手地教导最年幼的孩子，然后检查年长的孩子的功课。老师对所有学生都很严厉，甚至有点凶，对小安格尔却例外，一方面，也许因为敬畏他在艺术界有着很高地位的父亲；另一方面，他不得不承认，小安格尔有着远远超过同龄人的懂事与勤奋，以及天赋。

“‘老头子’居然出口夸奖人？难道世界末日降临，加百列要吹响他的号角了？”几个高年级的学生窃窃私语。

“小小年纪，有什么可夸奖的。”一个脸上点缀着淡红色雀斑的瘦男孩不屑地撇撇嘴。

安格尔听不到这些议论，他专注于自己的世界。叽叽喳喳的声音似乎被屏蔽在遥远的角落。他像一个古希腊战士，站在未知世界的入口处，试图去进行一场远征。而他手中的武器，不是长矛与盾牌，而是画笔与小提琴。

位于法国蒙托邦的安格尔博物馆

父亲那把枣红色的小提琴支在他稚嫩的肩膀上略显沉重，他左手托着琴颈，右手拿着琴弓，笨拙地在琴弦上拉动。琴像一匹性格刚烈的马儿，小安格尔却能与它交流，让它变得越来越驯顺。从他琴弦上流淌出的琴声，一天天变得流畅、圆润而动听起来。

与此同时，他的绘画技巧也在日益进步。

“他是一个天才！”

“老头子”擦拭着他的单片眼镜，鱼尾纹在他皱缩的眼角跳动。

“这当真是一个九岁小孩的作品？”众人议论着。

这是小安格尔画的第一幅素描头像。

“我当真听到了加百列的号角！”雀斑男孩说。他已经快要离开这个学校了，却在临走之前看到了这幅不可思议的作品，“这简直是魔鬼的技巧！一个小孩子竟然拥有这样的技巧！地狱之门敞开了吗？”

小安格尔静静地坐在他的作品旁边，不理解旁人的惊奇。在他看来，他只是表达了自己所见的一切，如此理所当然。作为一个年幼的孩子，他不理解那些高深的理论，却已经能用画笔还原世界的本来面目。

“你应该去更好的绘画学校，接受正式的教育。”老师用略带颤抖的嗓音说。

来到这所学校已经三年了，九岁的小安格尔终于开始接受正规的石膏素描训练。教室里零散地摆放着一排排画架，每个画架前都坐着一个孩子。每天，‘老头子’都把

安格尔素描作品

双手背在身后，从一个个头发卷曲的小脑袋后面依次踱过去。孩子们都背对着他，把脸埋在画纸里，‘老头子’看不见他们的表情。他只偶尔停下来，对着一个学生的画作点评几句。

“画了这么久，我就看到几根不知所云的线条。”

他敲了一下学生的手以示惩戒，然后离开这个不专心的学生，走向下一个画架。那个被训斥了的学生在他背后转过头来，向他作了一个大大的鬼脸，然后又对着自己的朋友挤眉弄眼一番。窃窃的笑声从身后传来，‘老头子’猛地把目光转过去，看到的却是一个个规规矩矩的后脑勺。

“仁慈的主，为什么我不得不教导一群小孩子呢？我不想打他们手心，可是他们的心思都在教室外像马儿一样奔腾。”‘老头子’念念有词。

他对这些孩子们并不抱太多期望。在这个阴森而肃穆的教室里，他迎来了一群又一群学生。几年以后，又一一把他们送回父母的怀抱。他太了解这些小顽童了，他们脑子里，都是一些奇奇怪怪的鬼点子，恨不得把教室的屋顶给掀翻过来。可是要让他们认认真真画画？哦不！主啊，我不能太为难他们！

他兜兜转转了很久，最后来到角落里。年纪最小的安格尔坐在那里，一声不吭，他的脚边扔着一个又一个铅笔头，看起来像是小孩子笨手笨脚用刀子削出来的，歪歪扭扭，几乎都已经用到了头。

‘老头子’的眼光落到画纸上，定格了几分钟，他轻轻地咳嗽了一声，抬眼看了看前方的石膏人头像，重新把目光移到画纸上，来回地打量。

“小孩……”他的声音有些发涩，“你把你老爹的画作偷偷带到了教室里？”

“老师，”小安格尔用稚嫩的、细细的声音说，“这是我刚画的。”

“你继续画，”老师顿了半天，想不出说什么，“我看你画。”

小安格尔重新抬起手，不需要迟疑，他的铅笔仿佛自动找到了它在纸上的位置。教室里忽然变得异常安静，只听见他的笔尖在纸上沙沙地涂抹。

“我要叫你父亲过来。”‘老头子’失神地说。

于是便有了开头那一幕。

现在，连望子成龙的父亲也不得不表示万分惊讶。全家人坐在壁炉前，细细地观看小安格尔的画作，不时发出一点声音表达他们此时的心情。

“我不懂你们的那些技巧，”出生于理发师家庭的母亲说，“但是我觉得这个人好像要从画布里走出来。不管你怎么认为，我觉得，这就很了不起。”

“是的，”父亲来来回回抚摸着日益光滑的头顶，喃喃地说，“我相信我的小多米尼克，他有天赋。好久以前，他就亲自告诉我了，可是这回，他吓了我一大跳！这是真的，我已经看到了，就在现在，他已经明确无误地用笔和纸告诉我，他将要，哦不，已经超越我了！”

“不会吧？”母亲略带揶揄地说，“蒙托邦皇家美术学院院士，这么响当当的金字招牌，竟然比不上你9岁小儿子的一幅画？”

“你不懂，”父亲面带羞愧地说，“别人对我赞誉有加，那是因为我一辈子都徘徊在蒙托邦这个小圈子里，他们想要表彰一下我在艺术领域里辛辛苦苦耕耘了这么多年，所以给了我一个奖励。说实话，我真算不上有什么了不起的建树。不过，我的小多米尼克，他的天赋，就像初升的太阳一样，穿破云层，展现出它的光辉！即使他还这么小。”他着着实实地在小多米尼克额头上亲了一下。

老安格尔开始谋划把小安格尔送进专门的绘画学校。

安格尔素描作品

画笔和小提琴

小安格尔在 11 岁的时候走进了图卢兹绘画雕刻建筑学院的大门。

“他自己考进去了！”父亲双手背在身后，高高地挺起胸膛，像一只刚在打斗中得胜的大公鸡。这个考试成绩可不仅是他儿子的，当然也是他老安格尔的。他这个当父亲的亲自调教出了一个优秀的儿子！

“你就这么把他送走了。”母亲用手帕来回擦拭着眼泪。

“他会得到最好的训练，我向你保证，亲爱的。伟大的画家都必须要历经磨炼。”

“我现在每天上油画课，”小安格尔开始写信，他每隔一周就要回复妈妈寄来的信件，“老师是油画家基廖姆·佐泽夫·罗克，他有一个长长的名字。我也学雕塑，雕塑课老师是一位雕塑家，名叫德维岗。还有风景画课程，嗯，当然啦，风景画老师是一位风景画家，他叫做让·勃里昂。”

妈妈在信里花了长长的篇幅关心小安格尔在新学校里的饮食起居。小安格尔似乎不需要妈妈操太多心，他过得很好，而且在绘画上用了更多心思。被送到一个新的、陌生的地方，并没有影响到他的学习热情。任何事情都影响不了他对艺术的热情，他甚至比过去更刻苦，仿佛这就是他生活中的头等大事。

“妈妈，我不清楚别人怎样决定他们未来的道路。如果您了解，在绘画领域，有一些令人景仰的大师，他们在方寸的画纸上，展现出令人震慑的美，您会相信，我在短短的一瞬间决心皈依到古典艺术的门下，是再自然不过的事情了！”

他的老师去了一趟佛罗伦萨。“那是一个大师云集的地方！”老师举着双手说，“为了大家将来也能跻身大师之列，临摹经典作品是非常非常必要的！此行我带回了一些复制的画作，希望大家细细观摩，有所收获！”

图卢兹：法国西南部的大城市，南部－比利牛斯大区上加龙省省会城市，法国第四大城市。

“为师造诣有限，希望你能从大师的绘画中学到更多。”老师对小安格尔说。

“那是一次神圣的洗礼，”很多年以后，头发花白、身材略显臃肿的老年安格尔坐在壁炉旁，缓慢地说。他苍老的声音显得无限深沉，“我从老师那里得到一幅《椅中圣母》摹本。我没有问他为什么挑选这幅画，一切一定是冥冥中注定。看到它的那一刹那，”老人顿了一顿，在场的人只听见他粗重的呼吸声，“我只想跪倒在地上，亲吻地面，仿佛伟大的画家本人来到了我面前。那是来自天国的圣谕！它向我明示了此后的道路。我从未背离过它的指示，终此一生，我过得如此充实。拉斐尔，他是一位非凡的天才！我无缘聆听他的亲口教诲，但是我一定要说，他是我一生的导师，事实如此。”老人举起他布满皱纹和颜料的双手，“如果我有幸早出生300年，一定会拜到他门下，成为他真正的弟子！”

安格尔敬仰的偶像——大师拉斐尔幼时双亲相继过世，他不得不在13岁的年纪以画画为生。而小安格尔在同样的

佛罗伦萨：位于意大利中部，为托斯卡纳区首府，地处亚平宁山脉中段西麓盆地。15世纪至16世纪，它是欧洲最著名的艺术中心和文艺复兴运动发祥地。

拉斐尔　《椅中圣母》

年纪显露出了非凡的艺术天赋，他已能靠自己的才能养家糊口了。

1793年，图卢兹全城沉浸在一片欢腾的气氛中。人们走上街头，在手中挥舞着代表自由的旗帜。每个人家的窗口都插着红白蓝三色小旗子，它们迎风招展，把大街变成一片彩色的海洋。

“路易十六被推翻了！法国从此不再有皇帝和他的走狗！”人们举行盛大的庆祝活动。交响乐团奏起激越的乐曲，颂扬革命者为民主与自由而战的崇高精神。音乐像汹涌的浪潮一样席卷这个城市，乐手们热情澎湃地演奏，仿佛永不疲倦。人头涌动，人们高声吼叫着，放开喉咙歌唱。现在，法国终于真正属于人民了！

“哦！那不是我们认识的人吗？”有人指指点点，在管弦乐队的中间，站着14岁的安格尔。

“这个右手拿着画笔、左手还抱着小提琴的孩子！”他的老师们赞叹道。这时候，他刚拜入小提琴家莱冉门下。父亲在来信中写道：“……你的弟弟妹妹们年纪渐长，而家中收入寥寥，已有捉襟见肘之势……”

路易十六：法兰西波旁王朝复辟前最后一任国王，也是法国历史上唯一被处死的国王。

老师说："我欣赏这个孩子的才华，他的琴技和绘画技巧进步得一样快。"他推荐这位得意门生报考图卢兹剧院交响乐团。

"我可以吗？"小安格尔问。

"这是开什么玩笑？"开始时主考官们问。然后他们震惊了。交响乐团里多了一个14岁的第二小提琴手。

小安格尔既开心又得意，他不仅和一群大人一道，神气活现地站在庆祝革命的大典上，而且，他没有白白浪费自己的音乐天赋。现在，他可以帮助自己的家人了，用如此令人怡然自得的方式。"格里格、海顿、贝多芬和莫扎特！他们是音乐中的拉斐尔！"流畅的线条和流淌的旋律，在他眼前交织在一起，"我怀着无限的激动和热情崇敬他们，就像我第一次看到《椅中圣母》时一样！"

他在交响乐团一待就是两年。音乐带领他在明亮的天空中舞蹈，在厚实的土地上舞蹈，在黎明舞蹈，在黄昏舞

格里格：19世纪下半叶挪威民族乐派的代表作曲家。

海顿：奥地利作曲家，维也纳古典乐派奠基人，在世界音乐史上有重大影响。

贝多芬：德国作曲家、指挥家和钢琴家，维也纳古典乐派代表人物，因作品对音乐发展有深远影响，被尊为"乐圣"。

贝多芬

蹈，在教堂的管风琴上舞蹈。他时而感觉自己正站在教堂高高的天顶画下，虔诚地仰望着圣父和圣子安详的脸；时而又觉得自己站在偶像拉斐尔的画室中，和众多文艺复兴时的大师们热烈而急切地探讨。

“古典主义！”安格尔说，“它赋予我的教养和风范，使我终生受益无穷。线条是会歌唱的，优美的线条，应该像古典音乐一样，舒缓而优雅！”他的画笔在画布上流畅地舞蹈。

这个年纪轻轻便展露耀眼才华的孩子，注定不会在一个默默无闻的地方停留太久。

古典主义：以古希腊、古罗马艺术形象为楷模，以历史与神话为主要题材，追求绘画人物的雕塑感。

第2章：少年画家在巴黎

拜入大师门下

“我应该去巴黎。”17 岁的安格尔提议说。

巴黎，这个国度中最繁华的心脏，已经成为全欧洲艺术家云集的中心。革命风起云涌，法国贵族和他们的洛可可艺术一道被逐出了人们的视线。新古典主义的潮流，正如旋风一般席卷整个欧洲大陆，而这暴风暴的中心，有一位名叫雅克·路易·大卫的画家，他的画室成为青年艺术家向往的地方。

“他是了不起的！”人们赞誉这位画家，“他和他的画笔，是真正在为革命、为人民服务的！他的画充满战斗的激情！”

大卫创作的安格尔肖像画

与巴黎相比，蒙托邦乃至图卢兹都显得多么偏远、寂寥和闭塞啊！要说到文化和艺术，那更是望尘莫及了！“去吧！如果想有朝一日成为真正的大师，就去领略一下这个国家的最高艺术水准！”年轻的安格尔挥别了自己的启蒙老师，动身前往巴黎。他得到了大卫的弟子格罗的引荐，顺利来到了自己梦寐以求的地方。

“他比传说中还要伟大一些，”年轻的画家评价他的新老师，“因为他恢复了法兰西艺术。”

洛可可：意为“贝壳装饰”，18 世纪流行于法、德、奥地利，是一种高度技巧性的装饰艺术，风格纤巧、华丽、繁复而精美。多以贵族间的爱情为主题。

新古典主义：发生于法国大革命引发的政治、社会改革前夕的艺术革命，它不是古希腊罗马艺术的再现或 17 世纪法国古典艺术的重复，而是适应资产阶级革命形势的一场继古开今的美术潮流。

巴黎：法国首都，第一大城市，政治、经济、文化中心。

雅克·路易·大卫：法国著名画家和古典主义画派奠基人，以画风严谨著称，作品多以历史人物为题材。

这位未来的大师，他的绘画道路真是太顺遂了。在绘画课堂上，老师永远强调素描的重要性和严谨性，有的学生对此感到头痛，而在安格尔看来，这只是过去十余年来他一直在做的事而已。他的绘画天赋和素描功力得到了前所未有的施展。老师的理念，在安格尔的画作中留下了深深的印记。

十余年来，他似乎重复着同样的事情，一直埋头在画布前面，不停地画啊画。他总是能得到别人的赞扬，而这些赞扬是值当的，因为他一直在努力，也一直在进步。现在，他又换了一位老师，这位老师是法兰西的一位大师，可以想象，他的技巧又会向前迈出一大步了！

“在老师的教导下，我学会如何让人的双脚稳稳地站在地面上。”年轻的安格尔说。

在大卫的门下，他的绘画风格渐渐稳定下来。他笔下的人物拥有岩石一般清晰的轮廓，却又如绸缎一般柔和；他使用最朴素的色彩，却让画面拥有最深远的意蕴。他的画如同雄伟的建筑，在大地上稳稳地屹立不倒，而他所钟爱的古典音乐，仿佛自始至终萦绕在他的画笔间：他的画

罗马：意大利首都，政治、经济、文化、交通中心，举世闻名的历史文化城市，古罗马帝国发祥于此。

罗马

面，永远流淌着优雅而高贵的调子。

1799 年，他转入巴黎美术学校，这时他仍然在老师大卫门下学习。仅仅三个月，他的才能又一次得到了肯定。他的第一幅人体素描在评比中拿到了一个奖。

他不再是小孩子，他现在是一个风华正茂的年轻人，意气风发，拥有梦想、热血、众人的赞美和看起来无限远大的前程。年轻的安格尔追随着老师的足迹，开始尝试古典主义艺术家们所崇尚的神话与历史题材创作。他自己也正像一位传说中的英雄，踏过一段又一段征程，而现在绝不是停留的时候！

“那么，就向罗马进发吧！”

次年春天，他参加了罗马奖学金竞赛，并且获得了第二名。他的参赛作品《辛辛那图接见元老院代表》，成为他所有历史题材画作的起点。

“一位伟大的画家，一定要有伟大的题材！”老师是他的榜样。大卫，这位积极投身革命的斗士，用自己的画笔作为武器，在一幅幅大气恢弘的画作中，刻画了一位又一位伟大的古代英雄，而他们刚毅不屈的形象，俨然就是他自己的写照。少年得志的安格尔跃跃欲试，他要效仿他的老师。

这个注定要画画的孩子哟！别人一定能够看到他的作品里淌着多少汗水——他们用另一种方式表彰了他。他在巴黎美术学校的学习成绩非常优异，于是拿破仑政府授予他一项殊荣，让这位宝贵的天才可以安心坐在画室里，专心从事他最擅长的事情。上帝把死神远远地拦在了他的门外——他不用服兵役了。他想要画出心目中驰骋沙场的英雄，但是他自己永远不需要出生入死、冲锋陷阵。

这是好事还是坏事呢？

在他的画室里，多出了一块庞大的画板，画布上有几个隐约的人形轮廓。进进出出的人都兴致勃勃地等待着，想看看这位年轻的画家会以怎样的手笔完成他的第一幅巨制。但是画家迟迟没有往上面添哪怕一笔。

“我在做准备呢。”年轻画家说。

他请来模特，让他们摆出不同的造型，画了无数速写草图。“我要刻画一位了不起的英雄。”他对老师说，“这

拿破仑：历任法兰西第一共和国执政和法兰西第一帝国皇帝，拥有卓越的军事天才。他捍卫了法国大革命成果，颁布了《民法典》这一后世资本主义国家立法蓝本。

罗马大奖：法国巴黎艺术学院每年为最优秀的学生颁发赴罗马法兰西艺术学院公费留学四年的奖学金。这是为法国国家艺术奖学金，旨在提高法国艺术水平。

幅画的标题叫接见阿伽门农使者们的阿喀琉斯。”

在特洛伊战争中，希腊统帅阿伽门农俘虏了一个叫克律塞伊丝的女子。女子的父亲、太阳神阿波罗的祭司祈求神祇将瘟疫降到希腊人的军队中。为了平息神的愤怒，希腊人被迫放走祭司的女儿。专横的阿伽门农便要求阿喀琉斯把自己的女俘虏、恋人布里塞伊斯让给他作为补偿。激烈的争吵中，阿喀琉斯让出了女俘虏，却宣布退出战争。希腊人失去了他们最强壮的将领，屡遭惨败。为了补救，阿伽门农只好派遣使者前往阿喀琉斯的营帐请求原谅。

为了画出这一极具戏剧性的时刻，安格尔构思良久。高傲的阿喀琉斯被夺走恋人后该是多么愤怒，当狂妄的阿伽门农终于向他屈膝求和时，他又该是多么得意洋洋、不可一世；专制的阿伽门农终于放下架子、作出让步，无疑已经一败涂地、垂头丧气了，而英雄阿喀琉斯当然不肯轻易握手言和；在场的使者面对无法完成的棘手任务，心系在战场上节节败退的战友，是多么无奈和焦急。面对着画布与模特，安格尔反复地酝酿着，一次次地改动画面的构图。经过深思熟虑，最后，他终于感到自己已经成竹在胸，才满怀激情地开始奋笔作画。

画作完成了，前来观看的人们感到惊讶万分。安格尔

《接见阿伽门农使者们的阿喀琉斯》

无愧是老师的得意弟子，毋庸置疑，他完完整整地习得了老师大卫的技法，在他笔下，古希腊的英雄们如同雕塑一般挺拔而健美。在大卫的历史画中，恢弘、激烈或悲壮的场面总能够深深地攥住观看者的心，让观看者和画中的人一起哭泣、呐喊、紧紧地握住拳头，或生出由衷而崇高的敬意。而少年画家却更像一个流连于田园生活的诗人，闲适而超尘出世，更乐意捕捉生活中最纯粹、最优雅的美。狂风暴雨式的悲剧性场面无疑太过粗鲁了一些。大自然中最美好的一切，不应该是舒缓的、祥和的吗？在他的笔下，人物的布局如舞台一般匀整，《荷马史诗》中性情暴躁的英雄阿喀琉斯显得俊朗而欢愉，面对着阿伽门农派来的使者，他微笑着，丝毫没有曾被激怒的迹象，仿佛这是一群久别的朋友登门拜访。阿喀琉斯被安格尔塑造成了一位英俊的天使，他几乎要抱起手中的竖琴歌咏一曲了。

不过，它确实非常美丽。“在巴黎，我从未看到过更优美的作品！”英国雕刻家弗拉克斯曼赞扬道。在1801年，

荷马史诗：相传为古希腊盲诗人荷马创作，是两部长篇史诗《伊利亚特》《奥德赛》的统称。

弗拉克斯曼：英国雕塑家、插画家，以新古典主义作品著名。

凭着这幅画，安格尔获得了罗马大奖，这意味着他可以公费去罗马法兰西美术学院进修，而且拥有补贴金。

画面欢愉的气氛并没有进入画家的现实生活中。生活想教会他严肃一点，于是终于让他碰了钉子。他的奖学金耽搁了，而且偏偏在他最潦倒的时候。拿破仑的政府正在疲于应付战争，内忧外患导致国家的政治和经济陷入了危机，甚至无法为画家发放奖学金。画家耐心地等待着。“罗马之行将是一次朝圣之旅。”安格尔说，“我崇拜的大师们在罗马等着我。”他经受住了考验。出乎他的意料，这一等就是五年，一切远远超出了他的计划。

夭折的婚约

“无论多么贫困的画家，他首先是画家。”

画家必须勤奋。对于安格尔而言，这一点从未改变。独居在繁华的首府巴黎，罗马之行遥遥无期，而他只是一个羽翼未丰的年轻人。他的理想面临最严酷的拷问。他贫困之极。

“是的，爸爸，我已经得到了众人的肯定，但是我现在还是一个初出茅庐的年轻人，没有人会向我订购大的画作。我要创作出伟大的作品，一定得很有耐心。我离老师还有不小的距离，他的人物构型和色彩，我必须每天花上数个小时来观摩和体会。所有人都说，我身上已经显露出一个画家应有的潜质了，我需要的只是学习、学习、再学习，练习、练习再练习而已，就像一块金子，淬炼足够长的时间以后，才会发出最耀眼的光芒！过那么几年，我会拥有声誉，到那个时候，我就不必操心如何用一支画笔养活自己。现在生活拮据一些，但是没关系，爸爸，我已经接到了一些书商的订单，他们让我画书籍插图。我可以靠自己的能力来养活自己，同时不必担心会荒废掉学业。再等一等，也许再过两个月，我就能够去罗马了！但是现在，我必须咬牙再坚持一下！”

但事实是他每天几乎被埋在了画稿里。书商的订单从四面八方飞来，像雪片一般。他自己常常不得不核对一下账单，皱一皱眉头，再提笔给书商写信，表示“希望接下更多的工作”。每天有那么好几个小时，他必须一刻不停地画，画，这样他的收入才能勉强支付自己的开销。他桌上的画纸一点一点地堆高，变成一座座小山丘，又一点一点地变薄。白色的纸在他手中稍事停留，便魔术一般呈现出一个生动的形象，这个形象很快出现在某一本书里，用来诠释某个快乐的或者悲伤的故事。摇头晃脑的绅士、面容苍白的淑女和颤颤巍巍的老人会在某个晚上翻开它，映着壁炉中的跳跃的火光，一页一页地阅读，点头微笑，或者掉下几滴眼泪。

稍微空闲的时候，他会托老师和朋友到处打听，是否有人需要他画素描肖像。他很快成了修依斯画室里的常客。

“这里有画家请来的专职模特，也有委托画家画像的人。在这里，我看到了整个巴黎的缩影。”他写道，“一些比我更早出道的同行，他们是修依斯画室里的老熟人。我们常常会同时为一个模特画肖像，我可以清楚地看到，在描绘同样的内容时，我们的处理方式会出现多么大的差别。我有时也画这些前辈，他们的年纪与我差不多，但是一个个满怀雄心壮志，自命不凡。画家就应该拥有远大的志向！每次站在这些前辈面前，我都在想，我要成为他们当中的一员，不久的将来，我一定会的。画家不仅是一个职业，它是一份崇高的使命。”

“您看到，在我的画纸上留下影像的，更多的是高贵典雅的淑女。大自然也许更偏爱姑娘们，当我想要寻找‘美’的时候，就去画这些女士。嗯爸爸，我知道，我已经不小了，该为自己寻觅一位妻子，但是，真的，我是以欣赏一幅伟大作品的心情，小心翼翼地打量这些小姐。您知道我对待艺术的态度，在绘画面前，我是一个虔诚的信徒。不过，她们往往不会单独前来，这时候我就不得不花费更多的笔墨和时间来描绘她们的全部家人，比如说她们眼光挑剔的母亲，和老态龙钟、见多识广的爸爸。”

每天一完成自己规定的绘画任务，他一定会潦草地卷起自己的纸、笔，和在场的人简单地打个招呼，然后急匆匆地拔脚离开，飞奔去往卢浮宫，或者去帝国图书馆。他被人流夹裹着进入卢浮宫宏伟的正门。观光者们一进入大厅，就像奶油融化进热水里一样四散开去，安格尔却郑重其事地在某一幅画作前停下脚步，支起画板，开始细细临摹。人群在他身后不停歇地来来往往，时间却在他的画布上静止下来。人物仿佛自动走出被临摹的作品，走进他的

卢浮宫：世上最古老、最大、最著名的博物馆之一，位于巴黎中心，塞纳河北岸。自 1204 年起，历时 800 年建成。

巴黎卢浮宫

画布。一个小时过去了，几个小时过去了，直到大厅变得空空荡荡，管理员来催促这个滞留不走的人，时间才重新在他的世界里流动起来。

“爸爸，留在这里是有必要的，在巴黎，我有机会近距离观看、临摹古希腊罗马的艺术作品，这对我来说非常重要，即便是一幅复制品，对我也是不可多得的，这是别处没有的学习机会。我想成为历史画家，学习古代希腊和罗马的艺术风格……我现在被铜版画迷住了，它们所展现的艺术魅力，不亚于我在卢浮宫看到的一些雕塑，而我竟然没有尽早了解到这一点！”

画家每天来回穿梭于这座城市。慢慢的，他的脚步放缓了，在某个人家停留的时候多了起来。

“爸爸，我在修依斯的画室里，认识了一位名叫弗雷斯蒂埃的法官助理先生。他很赏识我的才能，邀请我去他家做客，顺便为他们多作几幅肖像。称心如意的肖像总是

铜版画：在金属版上用腐蚀液腐蚀或用针或刀刻成的一种版画。

古罗马：公元前9世纪初在意大利半岛中部兴起的文明，历经罗马王政时代和罗马共和国，于公元1世纪左右扩张为横跨亚欧非三大洲、地中海的庞大罗马帝国。其文化受伊特鲁利亚和古希腊影响，曾高度繁荣。

难以一蹴而就，法官助理先生告诉我，不必拘谨，如果我需要预先作出尽可能多的练习和草图，他们一家人都自愿做我的模特。

“呵！我只是一个名不见经传的年轻人！法官助理大人却对我如此热情！‘你将来一定会成为了不起的画家，所以你留给我们的作品意义重大！’爸爸，虽然我满怀自信，但是能得到这样的嘉誉仍然感激涕零！”

铅笔画《弗雷斯蒂埃一家》诞生了。画中，一家人闲适地坐着，大多数家庭成员在自顾地谈论，但是在画面正中，有一位恬静的姑娘，她亭亭地站立着，无限柔和的目光投向作画者所在的方向。观看这幅画的人可以想象，这两个年轻人，透过无形的屏障，忘记了旁人的存在，深情而羞涩地对视。

“爸爸，我当然应该把她介绍给您，她是法官助理的女儿。她和她父亲一样，对年轻画家的工作非常好奇和热情，不介意做我的模特，在画架前一待就是几个小时。我的插画工作还在继续，在卢浮宫和图书馆的临摹功课也没

钢琴：由88个琴键和金属弦音板组成的键盘乐器，源自西洋古典音乐，由于其丰富的音乐表现力，被称为“乐器之王”。

《弗雷斯蒂埃一家》

有落下，只是每天晚上努力挤出时间在她家多待一会儿。他们喜好演奏乐器作为消遣，我拉小提琴，她便弹钢琴为我伴奏。

“我们有时候一起出去散步，讨论关于艺术的看法，我给她讲了蒙托邦，讲到您、妈妈和弟弟妹妹，讲到罗马，讲到拉斐尔。她的爸爸妈妈都默许了她每天外出的行为。他们说女儿和我在一起没什么不放心的。

“爸爸，我就知道您猜到了！您太聪明了！我几乎什么都没说……虽然在信里提到过不少关于她和我的事。哦，能够得到家人的祝福，我太高兴了！大概不久我就会带她回来，和您、妈妈还有弟弟妹妹见面。”

1806 年秋天，年轻的画家终于得到了前往罗马的机会。他对未婚妻承诺尽快返回巴黎，裂隙却在两个年轻人之间悄无声息地蔓延滋长。“爸爸，我不知道如何向您提起，但是，我很难过，也很遗憾。我们已经订了婚约，现在，这一切，竟然就这么结束了！”

“一个非常美妙的晚上，我们吵了一架，她反对我的艺术见解，不希望我前往罗马。我接受不了——我是一个画家，在我眼里，绘画比自己的生命恐怕还要来得重要一些。她问我:‘艺术比未婚妻更重要吗?’我说：‘是的，艺术家不能娶一个反对艺术的人做他的妻子。’之后，我们就一点点地疏远了。

“如果别人不知道我是一个画家，一定会认为我疯了。有时候我会对自己说，妈妈不懂绘画和音乐，你们照样在一起过得很好。可是，人只有坚定自己的信念，才能够做出伟大的事业来。爸爸，您能够理解吗？当我想要完成一件大作品的时候，我总是整天地坐在画架前，为人物一个最细微的表情踌躇上十天半个月。别人看画的时候也许简简单单地夸奖一句：‘啊，真是惟妙惟肖！’可是他不会知道我是怎么反反复复涂改画面的。如果我太容易动摇，这一切也就不复存在了。我最终还是不能放弃自己的艺术立场。也许，在罗马才能找到适合我的婚姻吧。”

1807 年，他们的婚约正式解除了。

成功的肖像画家

1803 年，举国上下一片狂欢。“我大概永远看不到一个更繁华的巴黎，或者一个更强盛的法国了！”有人说。

大卫　《拿破仑一世加冕大典》

拿破仑·波拿巴像一位从天而降的英雄，唤醒了法兰西这头雄狮。他以强势的手腕改革法国内政，同时指挥铁骑，南征北战，所向披靡，征服了一个又一个欧洲大陆的国度。法国的经济空前繁荣。人们狂热地匍匐在他的宝座下，艺术家也纷纷献出最尽心的作品表达他们的敬意。安格尔和他的老师相继加入了这一行列。

1804 年 12 月 2 日，拿破仑在巴黎圣母院加冕，大卫奉命绘制了《拿破仑一世加冕大典》这一巨作。衣着华丽的波拿巴皇帝、皇后和教皇被为数众多的侍从簇拥着，站在圣坛上，皇帝本人从教皇手中夺过皇冠，亲自为自己和皇后加冕。权威遭到蔑视的教皇一脸愠怒，一言不发。金色的、高大的教堂立柱间，坐着皇帝面容平静的母亲。阴影恰到好处地遮蔽着侍从们的身形，使皇帝处于亮光的正中。这幅画比大卫过去的任何作品都要气势恢弘。它再一次证明了画家架构宏大场面的才能。

不同的画家刻画同一位英雄，总是各具特色，人们能从中看到画家自己的影子。

安格尔同样景仰这位传奇人物，他为波拿巴作了一幅全身肖像《书房里的拿破仑》。画中，年轻的波拿巴站在书房里。他那刚毅的眼神、紧闭的嘴，显示出他无比强大的意志。他的右手放在一叠文件上，而那手仿佛随时会高高举起、指向前方，引领千万军队冲锋陷阵。被沉重厚实的窗帘半掩的窗户外，有高大的教堂建筑、起伏的山丘、飘浮着白云的天空。这窗外的风景仿佛是安格尔内心的写照，在他看来，大自然的宁静之美应当贯穿在所有的艺术作品中。安格尔画笔下的拿破仑，是一位英姿勃勃的皇帝，不过气质略显清秀了一些。

相比这位儒雅而文质彬彬的皇帝，老师大卫的画作《书房里的拿破仑》，更像一头虎视眈眈的雄狮。乍一看，人们几乎会怀疑两幅画中的是否是同一个人。安格尔的画面精致而讲究，皇帝的头发与衣饰一丝不苟，大红外套上点缀着金色的华丽刺绣，身材匀称，面容光洁，神情机警而略显紧张，眼睛里闪烁着微笑和智慧的光芒，像一位出身于上层、接受过良好贵族教育的年轻人。而在大卫的画作里，皇帝有着硕大的头颅，头发稀疏而散乱，已有秃顶的迹象；身材像狮子一样健壮，乃至于有些臃肿。他看起来漫不经心地站立着，表情像刚睡醒一般慵懒，目光深深地藏在微垂的眼睑后，却像鹰隼一样深邃而犀利。在这目光的注视下，一切都无处遁形。这是一只静静地潜伏着、丝毫不露声色却能随时猛扑出去，张开大口吞下一座座城

《书房里的拿破仑》

大卫　《书房里的拿破仑》

《卡洛琳·里维耶小姐像》

池的法兰西雄狮，一个不怒自威、运筹帷幄的皇帝。除此以外，大卫在画面中布置了大量生动的细节：指向四点的时钟、即将燃尽的蜡烛，暗示现在的时刻是凌晨，而袜子上的褶皱，暗示他刚经历了长时间的伏案工作——一切都表明这位皇帝为了《民法典》的颁布而彻夜不眠不休。拿破仑看到这幅画后曾经对大卫说："你如此了解我!"

安格尔的名气逐渐大了起来。他亦步亦趋，步老师后尘，一心想要加入历史画家行列，然而为他赢来声誉的却是肖像画。1805 年，他创作了《卡洛琳·里维耶小姐像》。画家对人物的外形作了少许处理，缩短了嘴与下巴的间距，拉宽了两眼间的距离，突出了人物的面部特征，使她的头部仿如古希腊精致的雕塑。即便人物形象与现实不符，画家笔下的里维耶小姐依然显得美丽动人、高贵娴雅。她的眼神中蕴含着无限柔和的神情，嘴唇上浮现出一抹淡淡的、和善的微笑，细致的线条和微妙的色彩烘托出她皮肤的光滑、红润和娇嫩，整个人显得年轻、健康而富有生气，俨然一位保养良好的上层女性，她华贵的衣饰也进一步证实了这一点。在她的身后，有宽阔而平静的水面、延伸到远方的树丛、掩映在树丛中的教堂尖顶、村落里的房屋以及绵延不断的远山。人物的娴静与大自然的静谧祥和，恰如

《里维耶先生》

《里维耶夫人》

《自画像》

其分地交相辉映，体现了安格尔一向对于“自然之美”的不懈追求。

这一时期他的肖像画还包括《里维耶先生》、《里维耶夫人》以及他的《自画像》。与这一阶段的其他画作相比，他的《自画像》更为真实、诚恳和深沉。他总是不厌其烦地在各种作品中投入大量时间，专注于制造精美、高雅和过分矫饰的效果，在这幅画中，他对自己形象的刻画朴素，却传达出了真挚的情感。画中是一个倔强的年轻人，单纯、懵懂，却有坚定不移的眼神和紧闭的嘴。他的右手拿着画笔，这是他无时无刻的工作和最最重要的身份标志——他是一个画家；而他的左手放在胸前，仿佛在直抒胸臆，要把一颗赤诚的、艺术家的心捧出来给别人看。观众几乎要怀疑这幅画作与其他作品是否出自同一个人之手：画面的色彩如此简单，线条如此粗粝，却比《书房里的拿破仑》中叱咤风云的法兰西皇帝更坚强有力。画家的精神力量在这幅画简单朴实的色彩和线条中表现得淋漓尽致。

可惜他不能将这种表达方式贯彻到所有作品中。很快他便遭到一系列创作上的重大挫折。

受挫的创作尝试

“画家应该把心思多多花在提高艺术修养上！哦，拿破仑爬上了高高的帝座，于是画家赶紧见风使舵、祈求恩典？我想不出更赤裸裸的吹捧帝制的行为！”

“站在艺术的角度，我实在讲不出什么恭维话。这位‘新古典主义’画家在复古的道路上走得也太远了一点，他已经着手挖掘中世纪幽灵的坟墓了！”

论敌嘲笑道：“他对老师大卫的背叛如此直率，为他自己的画派招来了第一次打击！”

这些尖刻的评论全部瞄准了安格尔的新作《帝座上的拿破仑》。

年轻的画家在他的创作中遇到了第一次迎头重击。“我只看到了艺术！”年轻的画家愤怒地说。这是他十多年来第一次听到如此苛刻的抨击，“绘画的唯一目的，是服

《帝座上的拿破仑》

务于崇高的理想！正义、历史、宗教，这才是艺术的题材！嫉贤妒能的人，他们无法容忍伟大的作品！”

为了凸显出拿破仑仪容的庄严，安格尔下了十足的功夫，可惜他的努力并不成功。画中，拿破仑威严的表情过分僵硬和做作。这位法兰西皇帝坐在高高的御座上，御座被设计成古典风格的神龛形状，以表现“君权神授”的神圣。皇帝右手高举君主的权杖，整体造型酷似古罗马的皇帝或者古希腊天神；服饰极为精致而奢华，淋漓尽致地展现出安格尔高超的技巧。但可惜的是，他极其精心的创作努力没有达到想象中的效果，相反，新作招来了一系列严厉的批评。

“人们不善将伟人的传奇特征记录下来，这令我感到忧虑。在皇帝身上我没发现历史学家描述的庄严沉着和美感。而且他们除了想象自己的英雄穿着礼服外，不能设想出一副别的样子。如果想引起公众的颂扬，那应该是一种特殊的情感，一种向上的振奋力量，而这分明是一群因为体重而向下滑去的驽马，拽着车子不住地向地面狂奔。”批评家以尖刻的语言评论道。

来自巴黎沙龙的冷嘲热讽使年轻的画家气愤莫名。“呵，这些所谓‘沙龙’冠以艺术之名，分明是毁灭艺术的场所！在这里，宏伟和美的感情被扼杀，金钱左右着人们创作的动力，一窍不通的年轻人热衷迎合观众的低级趣味，没有思想的绘画像杂货铺的商品一般大量汇集，将美术引离正确的道路，污染社会的鉴赏力。评审极其混乱，真正的佳作被埋没、被歪曲！必须关闭沙龙，才能阻止艺术的倒退！”

沙龙：源于意大利单词“Salotto”，指“装点有美术品的屋子”，17 世纪传入法国，最初为卢浮宫的画廊名称，沙龙即法语“沙龙”译音，意为较大的客厅，后逐渐指在欣赏美术作品时玩牌、聊天、谈论艺术的场合。

此时，他的老师大卫得到了拿破仑的重用，担任宫廷首席画师。大卫的风格成为官方的衡量标准。师徒二人同样醉心于古希腊和罗马的艺术，同样专注于历史和现实的题材，然而，他们的绘画风格却如此迥异。

“这些人尖刻地中伤我和我的作品，无非就是因为我的绘画风格与所谓的‘官方’、‘学院派’不合拍罢了。”年轻的画家黯然地说，“我敬重我的老师，却在绘画的道路上与他越走越远。这些可鄙的人以此为把柄，试图给我迎头痛击，可是这就能让我屈服么？不，我不会为任何人而改变自己的艺术观念，即使因为不符合‘时代精神’而遭人嗤笑。”

年轻的画家独自坐在画室中，埋头于创作。画室外，革命风起云涌，而年轻的画家充耳不闻。他声称：“政治与我无关。我不属于这个叛逆者们的时代，也不想属于它!”安格尔比大卫年轻了30岁，他们属于不同的时代。在动乱的年代中，大卫投身革命，他的命运与法兰西人民紧紧联系在一起。他像一只与暴风雨搏击的帆船，随着汹涌的浪涛而大起大伏，时而跃上浪尖，时而跌落谷底；时而炙手可热，时而身陷囚牢。这个动荡的时代和社会深切地激荡着他的内心，在他的画作中，一切情感的流露，都是来自心底赤诚的呐喊。而在安格尔出生的年代，革命的大潮已经过去，人们身处于一个安稳的环境中，不再需要英雄主义和革命热情，它们对他来说只是一些遥远的、模糊的抽象名词。俄国的大炮在蒙马特尔高地开火时，他埋头于创作中；牺牲者的鲜血在巴黎街道上聚流成河时，他正着意于赞赏眼前的模特儿。

“有人评价，我的老师并不是天才，却以惊人的毅力和刻苦的精神，得到了今天的成就。”安格尔道，“于是他们讥讽道：‘上帝是公平的！他给了安格尔过人的天赋，却让他的绘画空有形式，缺乏内涵！’是的，我更看重绘画天赋与表现技巧，在这两方面，我都做到了无可挑剔。这不是过错!”

这位年轻人宣称：“必须赋予艺术以性格和狂热，深刻的思维与崇高的激情是艺术的生命!”然而，置身于这个时代，他却从未融入身边的人群；脱离现实生活，使他的画作中缺少灵魂。他无法领略这个时代的精神，无法体会他的老师对人民深沉的爱。

“他永远坚强不屈，是专制君王的揭露者!”诗人波德莱尔赞誉大卫，对安格尔的评价则是“缺乏内在的智慧和天才必具的强烈感情”。

安格尔很久以后依然对此耿耿于怀，他甚至拒绝在沙龙中展出作品。血气方刚的年轻人对让·弗雷斯蒂埃先生道：“恶棍不择手段地扼杀我，我不出现大概更好，否则，即便您也无法阻拦我做出蠢事。虚荣心吞没了我，我想要一切，我被一种前所未有的狂热支配着……”直至离开巴黎，他还在给弗雷斯蒂埃先生的信中写道：“我有许多敌人，我从不曾、未来也绝不会宽恕他们。我最大的愿望是：超越所谓的沙龙，他们的观念与我格格不入，但是，将会无地自容的人是他们！他们会在我的作品前羞愧难当!”

青出于蓝

大卫身为当时法兰西艺术界的最高领袖，在他的画室中，来自全国各地的人才济济一堂。雄心勃勃的年轻画家都以成为大卫的入室弟子为荣。安格尔拜入大卫门下不久，便成为老师钟爱的弟子，并担任他的第一助手，协助老师工作。然而在诸多的弟子中，安格尔并不是最受老师赏识的一个。他忠实地捍卫大卫的画风，并最终继承了老师的衣钵，但是还未离开大卫的画室，他已经走上了一条与大卫分道扬镳的道路。

和老师一样，安格尔将艺术视为一种使命。即使受到了来自巴黎画坛的苛责，他仍然不懈地坚持着自己的理念。“正确的艺术趣味几乎像天才那样稀少！”他悲哀地说。

在逆境中，他仍然按照自己的艺术理念不懈地创作着。“美术家只有坚信自己的正确，才能用真正天才人物的勇气来武装自己。绝不能因为不学无术之徒的指责，就中断自己的道路!”坚持自己的风格，也许只会越来越艰难，谁会向一个不受欢迎的艺术家买画呢?可是他不屑于改变自己的风格去迎合大众。知足常乐吧!即使收入会因此减少。安格尔坚守着自己探索的道路，丝毫不偏离自己的艺术理念。

“艺术家需要日夜想着自己的艺术。”他说。激烈的抨击与冷嘲热讽夺走了他生活中最后的一点自由时光，让他彻夜难眠，而他像一个苦行者一般忍受着。骄傲的安格尔声称，这些苦楚，对于一位画家而言，如同爱情中的坎坷，抑或坚贞无私的母爱所带来的痛苦。卓越的艺术成就都是在眼泪中取得的!

有人指责他过于崇拜过去的大师，他不客气地回敬道:“从虚无中创造不出新东西!著名的艺术大师，谁不模仿别人呢?拉斐尔孜孜不倦地临摹前人，却始终独具一格。研究古代巨匠的杰作是必要的。这绝不仅仅是模仿，而是为了学习他们的观察力。古代画家本身便是客观自然，他们的艺术趣味是造化的赐予。我们不过是野蛮人，只有努力接近他们。艺术之美永远不可能超越自然之美!伟大艺术家的绘画就是神的语言，他们深深地洞悉神的威力。”

“有人眼里只有自己的艺术，以为不学习古希腊罗马和古典艺术传统就能创作，热衷于想入非非却懒于实践，期望有所建树却不肯研究，最终只能粗制滥造出一些缺乏理念和原则的作品。仅凭一己的理解力、经验、创作热情和勇气，无论如何是不够的。心怀侥幸的人，时间会把他们的创作统统清除出人们的视线。”

“一定要直接向古希腊人学习。”大卫在教导学生时说，“古罗马人的艺术虽然几乎同样出色，他们不过在模仿古希腊人的传统而已。”

安格尔同样崇拜古希腊人的艺术，并以“荷马的子孙”自居。“古希腊人的作品，是真正‘美’的代言词。无论是雕塑、建筑还是诗歌，他们覆盖到了‘美’的方方面面，将‘美’发扬到了极致！古希腊人的观察力、洞悉力以及对美的表达能力如此优秀，唯有他们是绝对的真实、绝对的美。后人的一切创新，都是在他们奠定的基石之上，他们的艺术手段如此高明，直到今天还应该沿用和发挥！”但是与大卫不同，安格尔对古罗马人的艺术更感兴趣，他对罗马心驰神往。“即使他们是古希腊人的模仿者，那他们也做得更为出色。”

“谨守真实。”大卫教导道，“伟大的题材是绘画的全

安格尔的老师大卫

部意义，艺术只是为题材而服务的臣仆。不要耽于细节，形体是创作的中心，线条和色彩都是辅助，它们不过是抵达目的地的工具而已。”大卫的人物形象总是在第一眼牢牢地抓住观众的心扉。人们欣赏他的作品，总是情不自禁地赞叹：“多么了不起的技巧！他用纸笔完成了雕刻的工作！”

“也许这是我与老师最大的分歧。对于我而言，题材是工具，是通往艺术殿堂的道路。历史与现实，不过是从艺术的大门外匆匆经过的访客而已。艺术的所有意义，便是重现自然的理想之美。‘美’是什么？它是清晨绽放的带露水的花朵么？它是夕阳余晖下宁静的田园风光么？都不尽然。‘美’，是人们注视这一切景象时，心底升起的感受。”

“在老师看来，线条不过是物体的轮廓，而在我看来，线条便是流畅的旋律，伴随绘画者的情感跌宕起伏。无需借助色彩，我将情绪寄托于细细的线条中，挥洒自如。情

荷马：古希腊时代的盲诗人。生于公元前873年，相传他根据民间流传短歌，综合写成了公元前12—前11世纪的特洛伊战争和海上冒险故事的长篇叙事史诗《伊利亚特》《奥德赛》。

感表达是艺术本质，完美的色彩只是从属！”

“文艺复兴早期画家笔下的明暗对比，就像斑马的黑白条纹，草率而简单，缺乏细腻的层次。”安格尔抨击道。他偏爱在所有部分涂上细致的阴影，让人物像浮雕一样生动起来。

而在大卫的作品中，明暗对比像正午的阳光和黄昏的暮色一样强烈。他的人物都笼罩在一层淡淡的雾霭中，阴影总是透明的、淡淡的。安格尔正相反。

当大卫的绘画风格被官方作为衡量的标尺，安格尔，这位崭露头角的年轻画家，遭到打击也就在意料之中了。庆幸的是，在一片阴霾的笼罩中，安格尔期待已久的罗马奖学金终于得以发放。“这真是雪中送炭！无论如何，得知自己的作品被贬低得一无是处时，我已经远在罗马，这多少算一点安慰。呵！我现在尽情地拥抱着意大利的阳光，徜徉在美丽的罗马！拉斐尔——这位我崇拜已久的大师，我终于可以仔细地研究他的作品，和他的故乡——罗马，这个了不起的城市！埋首于这一切，把嘲讽尖刻的言论抛在脑后吧！”

文艺复兴：13世纪末在意大利各城市兴起，并扩展到西欧各国，于16世纪在欧洲盛行的思想文化运动，带来科学和艺术的革命，为欧洲的近代历史揭开序幕。

第3章：在罗马的求学岁月

“自然的才是最美的”
——拉斐尔的狂热崇拜者

“法兰西学院热烈欢迎来自巴黎的杰出画家！”

这是1806年。在国内遭遇了一系列挫折的安格尔，终于抵达了他无限神往的艺术圣地——罗马。此时，罗马在法国的统治之下，是全欧洲的诗人、艺术家向往之地。罗马法兰西学院院长班诺瓦热情地向他表示欢迎。

“我们每年都会迎接来自欧洲各个国度的年轻画家。很高兴罗马能成为优秀艺术家的聚集地！”院长热情地说，“年轻人是充满朝气的，就像未细细加工的毛坯，仍待精雕细琢，但是从你们身上已经看到了未来的图景，就像清晨的太阳从云层后射出光芒！我们的责任，是引导你们走上艺术之路，你们将成为这个领域的领导者，超越我们！”

“美的成果在罗马！”安格尔徜徉在罗马浓厚的艺术氛围中，像一滴水融进海洋，深深地融入了这座城市，仿佛他原本属于这个地方，现在不过是重返故里。自六岁起，拉斐尔的画作便一刻不离他左右。大师的风格如手掌上的纹路，早已被他深深铭记在心，成为他的一部分。此刻，置身于大师的故乡，曾让他热泪盈眶的伟大作品触手可及，一切与艺术无关的喧嚣被远远抛在身后。像曾经所期望的那样，他终于可以“拜倒在美的面前去研究美”，这让他忍不住要欢呼雀跃。

“四年的留学生涯真是太短了，对于一个艺术家漫长的艺术生涯来说，真是弹指一瞬！我几乎不想返回巴黎。”安格尔说，“卓越的艺术成果，都是在眼泪和辛酸中取得的。为了摘取山巅上绽放的艺术之花，必须踩着荆棘一步一步走下去。看看我曾经所经历的困境吧！艺术家应该拥

米开朗琪罗：文艺复兴三杰之一，意大利雕塑家、建筑师、画家和诗人，笔下的人物以“健美”著称，即使描绘女性也不例外。他的风格在近三个世纪里影响着众多的艺术家。

米开朗琪罗

有一颗坚定的心，虔诚地对待自己的艺术。须得明白，要创造真正的美，就应该多看看宏伟和壮美的东西，昂首阔步向前！我还是留在罗马比较好。罗马，这个培育了一位又一位艺术史上璀璨明星的城市！我迷恋大师们的风格，也迷恋这座城市的一切。”

留学生涯结束了，他仍然留在罗马，将大量的精力用于研究古典大师。“谁要是在贫困潦倒中挣扎了整整五年，才迎来一次朝圣之旅，一定会明白这机会多么珍贵。没有人会轻易放弃，除非他根本没有一颗真正热爱艺术的心！”他造访了罗马城中大大小小的历史遗迹，包括那些栩栩如生的雕塑，以及饱经沧桑依然绽放出不朽魅力的壁画。

他对 15 世纪的拉斐尔、米开朗琪罗和柯列乔推崇备至。

“米开朗琪罗的巨作让人由衷赞叹，”他评价道，“但是也含着疲惫的征兆。拉斐尔则截然相反，他的创作都如上帝的造物一般圣洁不凡，仿佛画家集聚了所有的创造力，然后全数迸发出来。拉斐尔观察表现自然的能力，理应被艺术家尊奉为创作的最高准则。”他同样盛赞拉斐尔的学生朱里奥·罗曼诺，“多好的大师呀！即便是拉斐尔也不具备这般对古希腊的感情！为何他不为人知呢！”他赞赏提香，“拉斐尔和提香都应当名列画家前茅，他们都具有洞察一切的天赋，虽然感受的角度有所不同。提香的肖像画如此自然，毫不装腔作势，仿佛拥有天生的高贵气度，使人看了不由得肃然起敬！”而普桑绘画中深厚的古希腊罗马素养和哲学高度，则备受他推崇，“他赋予作品名副其实的古希腊面貌。他从哲学的苦心钻研中获得慰藉，丝毫不为浮华的功名利禄诱惑，一心走着自己的道路。广阔的视野、深邃的思想、惊人的技艺和突出的个性，使他成为世界上最伟大的艺术家之一。”

“拉斐尔这位最伟大的画家，他拥有一切！他很善良，他描绘的人物都拥有一张善良的面孔。”安格尔叹息道，“伟大的人物总是备受摧残，看看遭驱逐的荷马，以乞讨为生！我们的普桑为逃避富凯尔的纠缠，满怀厌恶地离开了他本应倍加美化的法兰西。拉斐尔是幸运的，他天生便神圣不可侵犯，可是上天过早地夺走了我们的天才！”

1814 年，安格尔获得了一个不可多得的机会，和雕刻师波伦一起，进入梵蒂冈教皇皇宫内观摩。

普桑：17 世纪法国巴洛克时期重要画家，法国古典主义绘画奠基人，崇尚文艺复兴时期大师，醉心于古希腊罗马文化。他的作品多取材于神话、历史和宗教故事。

“我从未获得过如此震撼的印象。拉斐尔的艺术比我过去发现的要美得多，他远远胜过其他所有人。这是天赋的才智!”安格尔盛赞道，他站在大厅的中央，久久地仰视，流连忘返。大厅的一面墙壁上全是肖像，另一面墙上，构图呈现出庄严而宏伟的对称感。整个大厅中充满华美崇高的景象。它们深深地震荡着他的心灵。“我前所未有地感到，我应该把拉斐尔置于艺术殿堂的最高宝座上。艺术之神把她所有的精华都浓缩起来，藏在这座皇宫的壁画之中。一切画廊的总和都为之逊色！在这座宫殿之中，我目睹了最动人心弦的景象，而这一切，仅仅是拉斐尔一个人依靠素描笔创作出来的。他的心中一定装着整个自然!”

他们走过一个个大厅。拉斐尔写下一本卷帙浩繁的无

梵蒂冈：世界上最小、人口最少的主权国家。为宗教领袖制国家，位于罗马城西北角的梵蒂冈高地，是被意大利包围的“国中国”，它本身即是一件伟大的文化瑰宝，有世界上最大的天主教堂圣伯多禄大教堂，驰名世界、“价与天齐”的梵蒂冈博物馆，宗教官邸拉特兰宫；城中圣彼得教堂中收藏众多艺术家杰作，为世界上最壮丽的教堂之一。

梵蒂冈圣彼得教堂

字天书，其中隐藏着关于艺术与绘画的奥秘。现在，安格尔在一一解读它们。这是艺术的盛宴，他从未有过如此饕餮的享受，他激动的心都快要跳出来了。《辩论会》《波尔塞的弥撒》《爱里奥多罗被逐》……他的目光如鹰隼般锐利，精细地审视这一幅幅辉煌的巨制。他的神经如猎食的猛禽一般紧张，唯恐错过任何杰出的细节，直到同伴在大厅的末端呼唤。

回到家，他在日记中亢奋地写道：

“我始终相信，造物主派出了一个天才——拉斐尔，作为使者来教导我。拉斐尔以他匪夷所思的头脑，窥破了世间万物的奥秘，他的作品中隐藏着无与伦比的智慧。要是把这些杰作当作一本字典，从中逐字解读艺术的真谛，我可以总结出好几卷厚厚的集子来！毋庸置疑，好的作品应该效仿自然，直至它便是‘自然’本身，其中哪怕流露出一点造作的痕迹，也将是不完美的。”

每当向人讲起绘画，他总是不忘恭恭敬敬地祭出自己的偶像，作为衡量艺术的至高标准。如果有人质疑他的艺术立场，拉斐尔便成了艺术家的保护神，他的绘画风格被安格尔借来为自己辩护：

“艺术绝不应拘泥于传统的表现形式。艺术家的眼睛便是最好的标尺！‘自然’是艺术的唯一源头，是感性的视觉印象。如果解剖学与美的认知相冲突，我会毫不犹豫摒弃前者。画家只有忠实于内心的感知，才不会被传统的范式所左右，而像拉斐尔一样，返璞归真，创作出最具真实感的作品！看看伟大的画家是如何捕捉美的吧！他能用敏锐的眼睛挖掘出自然中的线和面，用简洁而准确的方式，迅捷地将它们记录下来。”

“安格尔是一位艺术领域的佼佼者。”阿莫里・杜瓦尔说，“大自然从不循规蹈矩，大多数人无从探寻她的奥秘。严格遵从画派和传统，只能产生巧手的匠人。偶尔会有一些杰出的、空前绝后的奇才，得到了大自然慷慨的恩赐，他们的调色板和画笔拥有神奇的魔力，成为艺术之神与普通人之间的桥梁。不用说，安格尔就是其中之一。”

优雅的背影——安格尔笔下的女性形象

作为派往罗马的“公费生”，为了接受身在巴黎的老师的审查，安格尔必须定期创作并将作品邮寄回国。1808

年，他创作了《瓦尔品松的浴女》。安格尔崇奉温克尔曼“静穆的伟大，崇高的单纯”的原则，他的绘画线条工致、简练而单纯；构图简洁，然而独具匠心。

诗人波德莱尔评价道：“如果说欧洲绘画传统将女子裸体的刻画作为展现精神内涵和审美意义的方式，我们可以明显发现，在优雅可爱的妙龄少女面前，安格尔先生对于‘美’的感悟会格外强烈地激发出来，他乐此不疲地去刻画这样一些女性。面临美丽的人物时，他总是抱着格外严肃和虔诚的态度，把每一个最细微的、美的轮廓，以最热忱的情感，不遗余力地展现在纸上，并乐于按照自己的想法去改造她们的样子。这时候他的绘画技巧得到了最大限度的发挥。在描绘优美的女性方面，他几乎达到了炉火纯青的程度，就像一个热烈的、一片冰心的情人，他的爱情像奥林匹斯山一样庄严而神圣!”

画面中，女子背向着她的绘画者，画家以朴素而柔和的色调，使女子的背影显得宁静而安详——这一风格贯彻在他的大部分作品中。女子微微侧着头，轮廓线细致而流

温克尔曼：普鲁士美术史家，主要著作《古代美术史》，根据古人极其稀少而零散的资料整理出了一套研究体系，他的核心观点是模仿古希腊艺术。

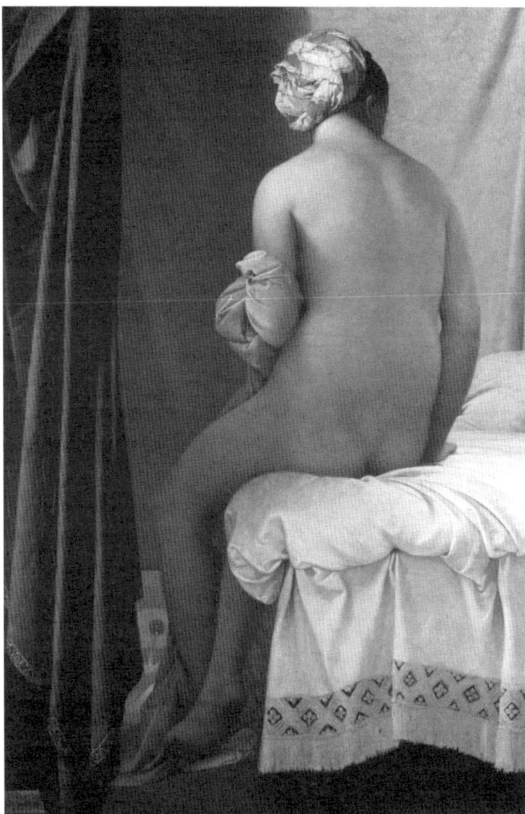

《瓦尔品松的浴女》

畅，勾勒出优雅美好的人物整体造型。以微妙的色彩变化渲染出的光影，烘托出女子细腻而光滑的皮肤。女子以背面示人，她的表情隐藏在阴影中，无法一览无余，然而整个画面却显得意蕴无穷，同时十足高雅。

这幅画被安格尔送回巴黎展出时遭到了冷遇。作品“独特、革命的哥特式风格”招来了许多批评家的苛责。“一群蠢驴！他们称真正的个性为‘哥特式’、‘脱离法国现实’。对待这等恶劣趣味，我绝不姑息。而所谓的‘哥特式’，在我看来还应更彻底一些。”安格尔毫不动摇地坚持着他的绘画理念，“让无知的‘沙龙’在造物主威严的目光下战栗吧!”

在1814年的作品《大宫女》中，安格尔将自己的艺术理念发挥到淋漓尽致。那时他仍在罗马，拿破仑的妹妹卡罗丽·米拉慕名向他定做了这件作品。卡罗丽和丈夫乔安尚·米拉将军于1808年任拿波里的王后和国王，他们一度是安格尔最重要的资助者。奖学金的给付期自1810年已经结束，为了生计，他不得不为旅居罗马的法国贵族绘制

哥特式：用来形容艺术时，指12至16世纪在欧洲出现的以建筑为主的雕塑、绘画和工艺美术，其特点是夸张、不对称、奇特、轻盈、复杂、装饰繁多。

《大宫女》

卡罗丽·米拉

肖像。不过作品并未到达定做者的手中，这一年，不可一世的拿破仑遭遇滑铁卢惨败，被流放至厄尔巴岛。

这幅画中斜躺的女子与委拉斯开兹的《梳妆的维纳斯》、乔尔乔内的《熟睡的维纳斯》、提香的《乌尔宾诺的维纳斯》在形式上如出一辙。然而，不同于乔尔乔内和提香两位花花公子的巴洛克式风格，安格尔一如既往地注重营造画面形象的庄重与典雅。女子的身体似乎无限柔软，以优美的姿势斜躺在卧榻上，她转过头来，以深邃而意味深长的目光注视着众人，嘴唇上淡淡的微笑显得如此神秘莫测，使她拥有了一种超然的气质。也许这就是画家眼中"自然"的神性所在。

画家再次充分展现了他对"自然"和"美的感知"的诠释。女子修长的手臂、流线型的纤细腰身、上身支起所形成的优雅弧线、丰腴的双腿，以及用极其细腻的色调和笔触刻画出的肌肤的光滑和白皙感，将唯美的风格烘托到

委拉斯开兹：西班牙的巴洛克画家，一位具有贵族威严的绘画巨匠。

乔尔乔内：第一个真正意义上的意大利威尼斯派画家，威尼斯画派成熟时期的代表人物，对16世纪威尼斯画派影响深远。

委拉斯开兹　《梳妆的维纳斯》

了极致。她超脱于这个尘世的存在，是爱与美的象征。

“要用画笔来歌唱，如美妙的嗓音一般准确、和谐。”为了追求“优美而流畅”的视觉感受，画家不惜牺牲真实感。大宫女的上身被拉长了，腰抬到了身体上 1/3 的位置，左腿也无法正确地连接到身体上。有人通过计算，认为她比正常人多出了三节脊椎骨。

“我不大主张学习肌肉解剖知识。”安格尔公然说，“这种知识了解太多，使人忽视个性表现，导致艺术形象庸俗化，有损于素描的纯洁。一定的夸张手法是允许的，特别是需要强调美的因素时。”

“毫无疑问，他对什么是‘美’把握得很好，似乎他生来便有这种自然之美的印象。像所有入迷的人，他敢于依仗着自己的独特解释，把绘画对象的缺点也转变成美丽的东西。但是，他的画中毕竟不是真实的人形，只是头脑中缥缈的幻觉！”“如果要忠于‘现实’，那实在没有比相片更好的东西了！”很久以后，他的学生阿莫里·杜瓦尔为老师辩护，“如果将‘准确’作为最高准则，所有画家都应该画出整齐划一的作品来！要还原‘真实’，谁会比相机做得更好？可是，谁又认为照片是一幅好画呢？画家要凭天赋来肯定自己的视觉，以独特的观点表达他获得的印象，并加以突出，让不懂绘画的人也能感受到美，只有如此才能造就大师。相反，如果《大宫女》比例绝对正确，她将不再拥有如此柔和曼妙的外形。看看过去的大师们！他们对待自然像孩童一样任性。米开朗琪罗的作品里可以挑出多如牛毛的错误：夸张的比例、肿起的肌肉。若是将伟大艺术家超越真实的壮举视为错误，我将羞愧，无地自容！”

诗人波德莱尔这一回不客气地说：“安格尔太过耽于他扭曲、做作的幻想了！”

与同时代作品相比的异乎寻常，使年轻的画家遭到了来自画坛的批评。“艺术家若要按自己的意愿行事，必然只能博得少数人的欢心。”安格尔愤愤地说。“法国人只能接受他们平庸的生活中的一切。‘现实’！无聊的罗曼蒂克！”

巴洛克：原意为“有瑕疵的珍珠”，后指17世纪流行于欧洲的一种艺术风格，重视运动感、戏剧性、光线和色彩的表现，多采用曲线和复杂多变的构图。

喜结连理

“也许天才都是这样的。”安格尔的朋友谈起他的时候，会无奈地摊摊手，“这个从小一帆风顺的孩子，说实在的，他被宠坏了！不过，这个单纯的、不谙世事的艺术狂热者，他确实怀着一颗赤诚的心。看在上帝的份上，我们应当原谅他！”

“说实在的，和他相处不是一件容易的事！他的性格就像是一匹狂暴的马儿，它的主人从未想过给它加上辔头，让它听从训导！社会习俗和礼数都被他嗤之以鼻。看看那些不为‘现实’、‘教条’或者‘科学’束缚的作品，这位作者的性情该多么随心所欲！”

“可不是！有人尝试过与他讨论问题吗？假如听众随声附和他的观点，他会表现得礼貌亲切，但是如果有人提出一点点质疑，或者与他理念背道而驰的设想，那么，他一定会像被烙铁戳中，瞬间换上一张狂暴的面孔，让人怀疑他还是那个追求‘唯美’、‘高雅’，以理想主义自诩的画家。前后的对比简直太惊人了！”

“哦，当我第一次激怒他时，我几乎目瞪口呆。我的话还停在舌尖上，一连串最荒诞的嘲讽就从他的嘴里像连珠炮一样抛出来了，仿佛不使用最最尖刻的词语，不足以表达他的鄙夷之情。竟然有人敢质疑他的权威和艺术地位？我当时激愤得不能自已，不过我只是拂袖而去，好吧，就当他太过沉溺于自己的艺术世界，忘乎所以吧！我无需耿耿于怀！”

他曾经的恋人，弗雷斯蒂埃小姐说：“对于这位把艺术理念看得高于一切，甚至高于真挚爱情的画家而言，什么样的女子才能和他携手走进婚姻殿堂呢？我不能想象！哦，毁掉曾经的婚约，我不想再用一字一句描述这件事对我的打击。希望有一位最无私、最隐忍的女子能够承受这位随时会暴跳如雷的天才吧！”

不过，出乎意外，在艺术圣地罗马，他邂逅了一位贤惠的女子。

在罗马，安格尔结识了一位法国高官夫人。虽然巴黎沙龙带给他种种不快，但暂且忘却艺术时，他依然是一个

乔尔乔内　《熟睡的维纳斯》

普通的年轻人，时不时强烈地怀念自己的家乡，怀念与绘画无关的、法兰西的一切。这位快乐而活泼的妇女冲淡了他的思乡之情。年轻的画家陷入了对她的深深爱慕中。她洞悉了安格尔的心思。

“我有一个表妹，”她偶尔会用一种意味深长的口吻说，“她现住在盖勒，就在你的家乡附近。她经营着一个不大的帽子店。这是一个好姑娘，烧法国菜的手艺和我一样好。”然后更加意味深长地、俏皮地眨眨眼。

“唔，唔。”安格尔有些局促地、看似心不在焉地回应道。

夫人神秘地微笑着，将安格尔送到大门口。临出门前，安格尔的手里多了一张纸条。

回到住处，他默默地支着下巴，对着窗户外朦胧的夜色思索了良久。最后，他抽出一张雪白的信笺纸，开始给那位素未谋面的“太太的表妹”写信。次日清晨，在前往学校的路上，按照纸条上的地址，他将信投了出去。

他们很快开始热切地鱼雁往来。

终于有一天，那位热心的太太给她的表妹写了一封信：“到罗马来，为自己找一个丈夫吧！”

“我在古罗马暴君尼禄的陵墓前闲逛。站在宾西乌斯山丘上，可以俯瞰山下的景色，斑岩材质的石棺和高大的祭坛伫立在一排石栏杆的环绕中。墓前开着星星点点的白花。我沿着年代久远而斑驳的栏杆一一走过去，感慨着，在那个古老的年代，建造它的人们怀着怎样的心情？就在这时，我看到了她——我的爱人，玛德莱娜·夏佩尔。她的纤纤玉手戴着长长的白手套，正在轻轻地采摘那些花儿。

“我们早已交换过照片。然而，见到她的瞬间，我心里有种说不清的感觉，仿佛一位圣洁的女子从遥远的时代穿越重重时空，向我走来。否则，她为何垂青这些不起眼的花朵？恍惚间我看到，她每踏过一步，脚下便有鲜花盛开。

“于是我试图与她攀谈，装作一无所知的样子（他的胳膊被拧了一把），说：‘亲爱的玛德莱娜小姐，您是否对这些古人堆砌的石头建筑感兴趣？如果您对此有所了解，我是否有此荣幸，请您为我讲解一二？’”

“等等，”听画家讲述往事的人说，“安格尔先生，平常从未见您如此彬彬有礼啊？”

“当你看到一位高贵的小姐，她宛如一位从拉斐尔画

尼禄：古罗马帝国的君主，被称为“嗜血的尼禄”，是历史上有名的残酷暴君。

中款款走出的天使，带着圣母一般的光辉，你也会情不自禁恭敬起来的。”安格尔郑重其事地说。

问的人把话咽了回去。

安格尔继续讲述：“当时，她款款地回过头来，略带惊讶地看着我，随即温婉地一笑，说：‘安格尔先生？当然可以，只是，我所知甚少，恐怕会贻笑大方。’

“‘哦，’我突然激动起来，说，‘小姐，您不必自谦，对于这座伟大城市的一切，我怀着无比的崇敬之情，关于她的一点一滴，我都不想放过。如果您不吝赐教，我感激不尽！’

“我当时因为紧张而双手微微发抖，不知道自己是否过于冒昧。太太为我介绍这位娴静的小姐，让我们在此相会，即便如此，素未谋面，我讲话的技巧实在太过拙劣（听众点头），她会不会觉得唐突？

“她稍事迟疑了片刻。我的心脏狂跳着，快要蹦出来了！不过，我毕竟是一个研究高雅题材的艺术家，至少不会给人一种粗蛮无礼的印象吧？何况，年轻的时候，我的相貌多少比现在中看一些。”

（有人礼貌地咳嗽了几声。）

安格尔继续自顾自地讲道：“果然，她并没有表现出对我的反感，笑道：‘先生，我因为常来罗马拜访亲人，所

提香　《乌尔宾诺的维纳斯》

以略知一二。如果您不嫌弃的话，我将言无不尽。’

“于是我们便沿着宾西乌斯山顶一路走去，她侃侃而谈，声音像山涧小溪流水一般动听，我几乎很少插话，只是沉浸在她银铃一般的话语中。

“最后她停止了讲述，问我：‘先生，您对这一切如此感兴趣，请问您是一位建筑师吗？’

“‘啊，’我猛地从遐想中惊醒，说，‘不，我是一个画家。’那位俏皮的太太隐瞒了我最引以为豪的身份，让我亲自制造一个意想不到的惊奇。

“‘您不远千里来到罗马，要绘制一幅宏伟的巨制么？’

“‘不，’我鞠了一躬，说，‘我是远道来此留学的。我拿到了法兰西学院的罗马奖学金。’

“‘喔！’她眨着两只碧蓝的眼睛，说，‘那您一定是一位了不起的天才！’

“我当时快要抑制不住地跳起来了，我想笑，但是不能，我说：‘如果您感兴趣，可以赏光来我的画室参观。’

“‘非常乐意。’她说。回到住处后，我一直在欢呼雀跃，导致房东来敲我的门。

“然后我们就此结识了。作为见面礼，我精心挑选了一个日子，送了一件自己得意的礼物上门。

玛德莱娜·夏佩尔

“她打开包裹的纸，一声惊呼，脸上浮现出淡淡的红晕，‘这真是一件了不起的杰作！’

“那是我最满意的一幅自画像。但是真正的惊喜还在后面，我突然跪下，握着她的纤纤玉手，深深一吻，‘尊敬的玛德莱娜·夏佩尔小姐，你是否愿意做我的妻子？’

“1813 年 12 月 4 日，我们携手走上了教堂的红毯。她是我理想中的爱人。她由衷地欣赏我的画作，而我深深地感受到她的挚爱。

“我聪慧的妻子，我深深地感激她在生活中为我做出的自我牺牲，她的爱与美激励着我，给我力量。无论何时，她总能给我温暖的慰藉。当我们彼此相对时，我感到自己是全天下最幸福的人。在漫长的艺术生涯中，她与我携手相伴。她在我心中无可取代。”

饱受争议的“历史题材”系列

沉浸在婚后幸福生活中的安格尔很快不得不面临一系列窘境。1814 年，波旁王朝复辟，拿破仑政府垮台，居留罗马的法国高官纷纷回国，收入本不稳定的安格尔面临前所未有的经济危机。

“亲爱的，承蒙你看得起我这个穷画家。”安格尔对妻子说，“我现在不得不去画室了，我接了好几幅肖像画，必须在这个月内完成，”他吻了一下妻子的额头，说，“这是刚刚从委托人手里收到的酬金。”

“哦，安格尔，”妻子的眉头微微皱了皱，“你正在绘制的这几幅画，能不能让顾客预付一些酬金？”

“这，”安格尔面露为难之色，“家里的开销又不够了？真是为难你了！”

“我们的饮食起居已缩减得不能再缩减了，”妻子面带忧愁地看着安格尔，“但是手里还是紧巴巴的。不过，如果实在困难，就算了吧！不要得罪雇主。多作长远打算吧。”

“我会想想办法的，”安格尔边穿外套边说，“你不要担心！安心地操持家务吧，我会替你解决一切后顾之忧。”

不过，在画室里，这位画家一反刚才的好脾气，暴跳如雷。

波旁王朝：曾断断续续统治过纳瓦拉、法国、西班牙、那不勒斯、西西里、卢森堡等王国和意大利若干公国的跨国王朝。

“肖像画家！”他抡起尚未完成的作品要往地上砸，想了想，又强忍着回过头来问道，“那个趾高气扬的雇主是这么称呼我的？”

“是的……”同画室的学生小心翼翼地说。

“对，我不该大动肝火，因为我下个月的饭钱还掌握在他手里！”安格尔在画室里大步地绕着圈子，眉毛上下起伏地跳动着，“我为什么要忍受这些粗鲁无礼的人？他们面对艺术家没有一丝一毫尊敬之心吗？虽然不得不忍气吞声，我还是要说：上帝啊，这是一种什么样的轻蔑和侮辱？喔，像我这样专心致志地研究古希腊罗马艺术的画家，居然得不到历史画家应有的尊重，这个世界上还有几个人配得上这个头衔？可是，事实是，满大街都是所谓的历史画家！好样的，他们敢不敢在人前展示自己的研究成果？哈，我知道这些自负的人有多么名不副实！我应该亲自教训教训他们，打消他们自以为是的念头！”

学生们小心地站在一旁，一言不发。等安格尔转头走出画室，他们才松了一口气，开始交谈。

“太吓人了。自从这位年轻的先生开始接手肖像画的绘制，每隔一段时间就要看到他大发雷霆！我真希望那些雇主来得越少越好。”

《朱庇特和忒提斯》

“喔，再不要和他提‘肖像画’、‘风景画’这类字眼！这都是安格尔先生极端轻视的绘画！不过是历史画家比较受学院派尊敬罢了，这个如此重视‘崇高地位’的人！”

“画几幅肖像就是屈从世俗么？在意世俗观点的人才是屈从世俗呢……”

“说到底，学院派并没有给历史画一个明确的定义，何必为虚无缥缈的名头跟自己过不去呢?”

“讽刺的是，他鄙视的肖像画恰恰是他最擅长的，连反对他的人都不得不献上溢美之词。而他的历史画的确缺乏艺术魅力！”

“高尚的题材只存在于古希腊罗马英雄的历史中！我要回到历史中去，挖掘伟大的题材！”暴怒平息后的安格尔说。

“历史画家赋予人物以社会的典型特征，肖像画家则仅仅描写人的个性。模特儿往往有很多不足，创作也就显得平淡无奇了。”安格尔道。但是他的历史题材画并不如自己所言那般理想。

根据古希腊神话，他在1811年创作了《朱庇特和忒提斯》。天神朱庇特不能容忍他的情人——海神涅柔斯之女忒提斯将生出一个比自己更强大的儿子，于是他独断专行，将忒提斯许配给凡人帕琉斯。忒提斯不愿接受这门婚事，便向朱庇特求爱。在画中，安格尔的朱庇特有着宽厚的胸膛，神色阴沉而专横。海神之女忒提斯的造型被过分地扭曲夸张，她的手臂异乎常人地长而柔软，左手臂几乎不能连到肩膀上，偏离真实的曲线使她看上去柔若无骨。她匍匐在朱庇特脚下，用祈求的神情注视着冷漠的天神，左手高举，用恭敬的手势捧起朱庇特的下巴，满含讨好和卑顺的意味，同时，她的色彩显得毫无生气和苍白。

“安格尔先生不知疲倦地力图掌握色彩。这是一种可贵而徒劳的顽强精神！遗憾的是，结果总是辛酸而刺眼的。”论敌评价道。

1812 年，安格尔又以古罗马题材创作了《罗慕洛战胜阿克戎》。罗慕洛是传说中古罗马的建立者，他是一个了不起的英雄，一个冷酷无情的篡位者，他被母狼养大，杀死自己的亲兄弟，征服了罗马。当他成为罗马的君主后，为了增加城市的人口，他安排宴会，请来邻近的萨宾人，在他们喝醉以后抢走了他们的女人。自此两个部落陷入长期的战争。在一次对决中，罗慕洛杀死了萨宾人的国王阿克戎，并剥下他的甲胄作为献祭天神朱庇特的战利品。安格尔精心地履行了自己的艺术理念，在他的笔下，画面拥

《罗慕洛战胜阿克戎》

大卫 《萨宾妇女的调停》

有浮雕一般的立体感，人物也像古希腊雕塑一般俊美而典雅。

这幅画的内容模仿了老师大卫的《萨宾妇女的调停》。在大卫的作品中，有不顾性命冲到交战双方之间的妇女，面对着密林般的长矛高高举起襁褓中婴孩的母亲、紧紧抱住战士膝盖哀求的柔弱妇女、一无所知的懵懂婴孩……被罗马人劫走的妇女手无寸铁、柔弱无助，为了阻止战争、保护亲人，她们不惜牺牲自己，向敌人求情，与手握锋利武器的士兵形成了强烈对比。生与死的冲突、战争的残酷与悲壮被渲染到极致。而在安格尔的笔下，传奇人物阿克戎仿佛率领着从郊外野餐归来的队伍，人们高举着他们的收获成果，像乡间少女身姿娉婷地举着她们汲水的陶罐。人们怡然自得，悠然高歌，赞颂生活的诗情画意，吹响凯旋的号角，让人想起演奏靡靡之音的宫廷乐队。罗慕洛右手举着黄金铠甲，左手向落后的士兵致意。他们似乎在路上遇到了一个不幸死去的人，好心将他的躯体抬回去，为此耽误了一点行程。如果不是画面的标题，谁晓得这是有着传奇身世的君主阿克戎，他们刚刚经历了一场血腥杀戮的战争？

《拉斐尔与勒·福娜瑞纳》

《拉斐尔与勒·福娜瑞纳》

“安格尔先生仿佛在雕版或者古董铺里乱撞，将捡到的人物胡乱安插进画面，就像在下一盘不知所云的象棋；要么就为了消除大自然的多样性而不厌其烦地重复一种形式，把活生生的模特儿变为极不自然的定型化形象。艺术具有人性才能存在！它需要真知灼见和丰富的感染力，让人们同情这个世界的命运。”言语尖刻的评论家道。

1814 年安格尔创作了《拉斐尔与勒·福娜瑞纳》，向他深怀敬意的偶像拉斐尔致敬。为了回报拉斐尔的艺术对他深厚的影响，他着力于表现古典风格的造型，并不遗余力地多次再创这一题材。勒·福娜瑞纳的身份是妓女，安格尔却满怀热忱地将她刻画成了文艺复兴时期的圣母形象。拉斐尔本人绘画的勒·福娜瑞纳肖像中，人物眼神略带轻佻，而安格尔笔下的勒·福娜瑞纳却无比温柔、纯洁，充满女性最柔美的光辉。两人深情地相拥着，勒·福娜瑞纳凝视着画面外，而拉斐尔则回头审视着他所作的勒·福娜瑞纳肖像的草稿。“娴静是人体的主要美，同时也是内心智慧的最高体现。”安格尔宣称道。

他的下一幅历史题材画遭受了更严厉的批评。1819 年，他从 16 世纪意大利诗人阿里奥斯特的长篇叙事诗《疯狂的罗兰》中取材，创作了《洛哲营救安吉莉卡》。女王

《洛哲营救安吉莉卡》

安吉莉卡被作为海神奥鲁克的祭品囚禁在泪之岛上，千钧一发之际，勇士洛哲驾着半鹰半马的坐骑赶来，杀死奥鲁克，救下了安吉莉卡。安格尔展现出了他高超的绘画技巧。少女身体优雅的线条和细腻的色彩在光影的烘托下显得特别柔美，画面构图也别具匠心，汹涌的波涛正中矗立着一块岩石，岩石粗糙的质地与少女柔弱的躯体形成强烈的视觉反差。画面左上方，身着金色铠甲的勇士驾着他的坐骑，将长长的利剑刺向画面右下角的猛兽。整幅画像精心布置的舞台布景，细节刻画堪称完美，本应惊心动魄的场面却毫无英雄气概可言。勇士神定气闲，像仪仗队里英俊的士兵，做出一个漂亮而规矩的姿势；安吉莉卡仰过头去，幅度如此夸张，使她的脖子看起来快折断了，她注视着前来营救的情人，表情怪诞，两眼翻白。面对着凶恶的敌人，他们命悬一线，神情却无动于衷。

一个批评家讽刺道："我虽素来宽容待人，面对这幅大作也实在讲不出什么恭维话！"

"这位先生可以作为一个大好的反面教材，"一个画家对学生们讲道，"坐在摆满僵硬石膏像的画室中，闭门造车，却自诩忠实于自然与生命！他的理念中只有从已故古希腊艺术家那里偷来的庄严感，并以真理自居，公然抨击真正富有生气的艺术家。为了维护这空洞的‘神圣’，他不惜把风景全都塞进手帕大小的天空，每当不得不需要布景时，便洋相百出，只好临时从木偶剧团挪用一些蹩脚的道具。看看《洛哲营救安吉莉卡》里鞣革色糖球一般的悬崖、酷似起泡炼乳的波浪、像水库闸门一般色彩均匀的大海和软木材质的龙！”

这一系列创作，引来各种各样的嘲讽。在一次次的努力中，安格尔成为伟大历史画家的梦想遭到了一个接一个沉重的打击。

“从懂事起，我便接连遭遇不愉快的事情，从未领略过美满的幸福。”他叹道，“我的一切全都与世不谐！”

第4章：佛罗伦萨之行——誉满中天

坚定的艺术卫道士

1820年，安格尔的好友劳伦佐·巴托里尼给他写信道："我亲爱的朋友，若不嫌弃，来佛罗伦萨吧！这里有你热爱的文艺复兴艺术，我相信你一定不会失望的！"

"谢谢您的建议和盛情邀请！"安格尔回信道，"我很惊讶自己竟然没有尽早想到这一点！"

"美术的素材在佛罗伦萨！"他携家人移居到佛罗伦萨，并且定居了下来，这一住就是四年。他经常前往卡尔明大教堂，观摩布朗卡契小礼拜堂内文艺复兴时期马萨卓

佛罗伦萨

的壁画，将之称为“天堂的前庭”、“真正优秀绘画的摇篮”。而安德烈·德·萨托的壁画，被他誉为“继拉斐尔作品之后绘画史上最完美的作品”。同时，他由衷地欣赏教堂中的善男信女，他们发自心灵、虔诚柔爱的表情，面对圣母像时流露出的笃定信念，深深地感染着他。

朋友前来他的居所拜访，看到工作室内大大小小的肖像画，有正在上色的线稿，也有未完成的草图。来访者尚未开口，安格尔满不在乎地发话了：“看看这些肖像吧，我不太愿意将它们公之于众，否则人们便称我‘肖像画家’。不过，再出色的艺术家，也有不得志的时候。我现在身处这般窘境，不得不继续为人绘制我最不齿的肖像画!”

“喔，”他的朋友建议道，“你的名气已经不小了，即使才能不如你的画家，都能靠一点点名气过上舒心的日子。只要愿意尝试，你绝对不比他们差。”

“嗯，话是这么说。”安格尔来回地端详着他画室中的画，“二十余年来我本可以有更多积蓄，然而我绘画时力求精到，进度迟缓，故所得甚少。了解当下的风气，你会知道，很多画家有多么浮躁！在绘画这件事上，我从来没有懈怠过，总是精益求精，否则便感觉是不尊重艺术。而这些人，他们爱慕的只不过是钱、香槟酒以及轻松的工作罢了。如果你问他们，有没有哪怕一点坚定的艺术信念，他们会大摇其头；如果再谈一谈在艺术这条荆棘路上探索所需要的毅力以及决心，他们会像看到猫的耗子一样迅捷无声地溜走！”

“洁身自好，知足常乐！”安格尔总结道，“奢侈会破坏人心灵的纯洁。”他不屑于参加上流社会消磨时光的无聊聚会，只同志趣相投的几位朋友往来。艺术和文学占据了他的全部时间。

“学习是不应该间断的。一个画家想要有长足的长进，就要不断地临摹名家名作。从事了多年绘画，我从未认为自己做的功课已经足够。”安格尔说。一旦遇到难得的闲暇，他便像过去在巴黎和罗马时那样，拿出画板和纸笔，临摹提香、拉斐尔的作品。

他思索道：“曾经大放异彩的宗教，可以赋予绘画神秘的性质和真正伟大、严肃深刻的意义。从艺术观点来看，这不亚于古希腊罗马史所带来的益处。我要果断地走这条路，用法国的题材来作画。”

1820 年，他创作了《亨利四世的佩剑》。1814 年，受马尔高德的委托，他曾经画过同样的题材。在这个故事中，西班牙大使堂·佩特罗·托列茨基来到波旁王朝的建立者

《亨利四世的佩剑》

亨利四世的皇宫。在卢浮宫的大厅中，他遇到了携带亨利四世佩剑的少年侍卫。按照宫廷礼节，他向少年侍卫单膝下跪，行了屈膝礼，并亲吻了佩剑。安格尔用心刻画了堂·佩特罗一丝不苟的神情和跪拜的姿势，并且不忘在画面一侧点缀数座古希腊神像，但是，整体构图和人物形象平淡无奇，毫无可圈可点之处，仿佛从日常生活中随手摘出的一个平庸场景，既不庄严，也不宏大。背景人物的简化，使整个画面显得呆板，也脱离了学院派古典主义的标准。

绘画不受欢迎使他非常难过。他向一位朋友辩白道："这幅画在素描和情节处理方面都是真实的，无懈可击、趣味高雅、色彩确切有力。"他陷入了痛苦和迷茫中，"我从未因追逐金钱而粗制滥造，未来还将毫不动摇地坚持下去。讽刺的是，我对待作品越是尽心尽力，就越是被人讽刺'背离时代精神'。这一切留给子孙后代，让他们作出公正的评判吧!"

1823 年，他创作了素描《勒勃朗先生》。这幅素描作

亨利四世：也称亨利大帝，法国波旁王朝创建者，原为纳瓦拉王国的国王，1562 年以新教领袖身份参与胡格诺宗教战争，成为最后的胜利者，并于 1589 年加冕为法国国王。

《勒勃朗先生》

品体现了绘画线条的简洁、精准和近乎冷酷的理性。按照一向的理念，他对人物头部着意精雕细琢，简练精致的线条勾勒出人物棱角分明的面部特征，突出了人物坚毅、冷静的气质，与画家理性的画风正好相得益彰。通过一支画笔，他深入地洞悉了人物的内心。这种冷静而犀利地捕捉人物特征的能力，使得他最亲近的朋友让·洛郎也不得不评价道："在他的作品中，艺术的感情被岩石般的意志力和精确的计算取而代之。他表达灵感的方式，像数学家做演算，而他的意志力是建立在苦行僧一般的忍耐力之上的。这两种品质成就了他的艺术造诣。但是他同样可以借助这种品质成为医生或者银行家。任何一个人，只要他的意志力足以坚持上一个小时，都能在艺术、数学、考古、法律之类的行业搞出成绩来，造化并没有赋予他什么专长。"

"即使最亲近的朋友也难以理解我精心设计的艺术手法。"安格尔说，"让·洛郎毫不吝啬地用了一串让人眼花缭乱的溢美之词，可我能听出其中明褒暗贬的意味！喔，不用糊弄我！人们总是如此！我空有一颗赤子之心，却没有人站在我这边！"

盛名之下

拿破仑战败后，欧洲恢复到法国大革命前的旧秩序。1815 年，在法国、西班牙和那不勒斯的联合之下，波旁王朝复辟，原法国国王路易十六的弟弟路易十八返回巴黎继承王位。为了纪念波旁王朝的先祖路易十三，初至佛罗伦萨的安格尔受家乡蒙托邦教会委托，绘制了《路易十三的宣誓》。

他用了三年半的时间来绘制这幅作品。这幅画的构图，完全模仿拉斐尔的《西斯廷圣母》。圣母的形象综合了《西斯廷圣母》中的立像和《麦金托什圣母》中的坐像，智慧天使的形象来自于《弗列涅奥圣母》，路易十三的造

> 路易十三：法国波旁王朝国王，于 1610 年—1643 年在位，亲政后主要依赖红衣主教黎塞留的辅佐，对法国进行专政统治。

《路易十三的宣誓》

型借鉴了《波尔戈大火》中张开双臂祈求的女性形象，抬着路易十三誓言的两个小天使也借鉴了拉斐尔画中的造型。在这幅画中，他采用了传统的学院派画法，不再使用以前夸张、变形的表达方式。画中，圣母怀抱圣子，神情安详地坐在云端，注视着座下跪拜的路易十三；路易十三面向举着誓言的两位小天使，高高举起皇冠和权杖。安格尔一丝不苟地沿袭了拉斐尔的风格，画面堆砌了大量文艺复兴时期的绘画元素，他要使这幅画成为拉斐尔精神和他自身气质的结合。他着意刻画圣母的形象，在其中融入了自己独到的表现。这幅画使安格尔被誉为“拉斐尔再世”。然而，高举双手的路易十三看上去更像伸手索要权势的贪婪之徒，少了些虔诚与神圣感。

“我倾尽全力地模仿拉斐尔，继承他开辟的道路，忠实地捍卫他的学说。我不是一个革新者。”安格尔说。

在此之前，他已经度过了许多艰难的日子，即使这个狂热的人拥有巨大的、非同凡响的忍耐力，在画作完成前夕，他也不得不向朋友大吐苦水：“我一事无成，仿佛有个魔鬼总是挖空心思与我作对……我开始对自己的命运感到绝望，甚至丧失全部勇气……”这幅作品的完成与展出，给他带来了意想不到的好运。安格尔得意洋洋，喜悦

拉斐尔 《西斯廷圣母》

拉斐尔 《波尔戈大火》

之情溢于言表。

“这一回，我终于扬眉吐气，多年压抑的愤懑一扫而空！官方第一次对我在沙龙展出的作品大加赞誉！我早就应当获得这个荣誉了！波旁王朝赐予我‘荣誉军团骑士’称号！亲爱的，”他对自己贤惠的妻子说，“很长一段时间，我们不必再担心吃饭问题了。蒙托邦教会定做这幅画时，答应给我三千法郎，不过，他们是识货的！因为我的画在展出中大获成功，他们慷慨解囊，将报酬追加了一倍！”

“不过，说实话，”一些评论家们嘀咕道，“我们窃以为，安格尔先生以前的某些作品更具审美价值一些。几乎所有人都曾经站在他的对立面，现在，因为这么一幅画，官方那些大爷们的意见全都倒戈了。要我说，这真有点可耻。”

“你是指《大宫女》、《小提琴家帕格尼尼》？可惜它们还在某个不起眼的角落里备受冷落呢！”

因为这幅画，他在 1825 年被推举为法兰西美术学会会员；同年，又当选为皇家美术学院院士。多年以后，他终于与悉心栽培自己的引路人——他的父亲站在了同样的位置。

“时至今日，我终于不负他的期望！”安格尔感慨道，“在整个家中，只有他一个人还在全力支持我。”因为对大儿子的偏爱，父亲冷落了他的母亲和弟弟妹妹。在罗马艰难而孤独地度过的这些日子，弟弟妹妹们给兄长的来信日渐稀少，而他的母亲则偶尔抱怨道：“你专制的父亲，他不应该总是对你的弟弟妹妹们讲一些轻蔑的言语！”

这幅画在卢浮宫的大厅里，取代了委罗内塞的《加纳·迦里略的婚礼》。

> 委罗内塞：艺术大师提香的弟子，意大利威尼斯画派代表画家之一。他和提香及提香的另一个弟子丁托列托合称16世纪意大利威尼斯画派三杰。

狭路相逢

“安格尔先生，我们这些画家想在蓬·努佛尔美术馆为穷人举办一场画展，若能邀请您参加，将不胜荣幸……”

“泰罗尔男爵，”安格尔倨傲地说，“我不能理解您的用意，倘若您邀请我展出我的画作，为何将它们与一堆画风格格不入的作品放在一起？”

几天之后，信使又登门拜访。

“安格尔先生，我们经过了郑重的商讨和考虑，决定尊重您的意见。”

“我只同意展出一幅画《路易十三的宣誓》。而且，我的画也不是为那些盲目的观众而作的。那些博物馆大厅里挤来挤去的人，自以为是集市上的慈善家么？”

“先生，关于展厅的布置问题……”

“这件事情不容商量。”安格尔说，“我不知道，在展览者的眼中，艺术品是不是可以像杂货铺的面包和腊肠一样杂乱无章地混搭在一起。但是你们至少也应该显示出基本的审美趣味，比如说，我的作品绝不能和浪漫主义的所谓绘画同处一室！哦，不，绝不能放置在同一个展厅，即使两幅画遥遥相对，我也能感觉到那种亵渎的气息。我要一间专门的展厅，只放我的画，即使不能用墙，也至少应

浪漫主义画派：19世纪初资产阶级民主革命时期法国画坛兴起的一个艺术流派，偏重发挥想象和创造，取材现实生活，色彩热烈奔放，运动感强烈。

该用隔板隔开。你们该让观众感受到什么是纯粹的美的趣味！”

“我没有想到安格尔先生会为此大动肝火。”浪漫主义画家德拉克洛瓦轻描淡写地说，“不管安格尔先生如何蔑视我和我的作品，主办方愿意给予我这项殊荣，允许我展出自己的作品，我十分感激。既然大家公认我的作品具备这个资格，那么，作品最终被挂在哪个大厅里，和谁的绘画并排放置，有什么关系呢？”

“我不爱听这种假惺惺的外交辞令！”安格尔说，“我只相信艺术，一切让艺术来说话吧！”

沙龙如期举行。安格尔历经三年半倾心创作的《路易十三的宣誓》和德拉克洛瓦的《希阿岛的屠杀》同时展出了。

“虽然两幅画分别挂在不同的展厅里，可是，我忍不住要说，高下立判啊。”

“这不是希阿岛的屠杀，这是绘画的屠杀！”德拉克洛瓦的老师格罗说。

德拉克洛瓦：法国浪漫主义画派的重要代表人物。他继承发展了文艺复兴以来欧洲的艺术流派的成就和传统，对后世，尤其对印象主义画家影响深远。

德拉克洛瓦　《希阿岛的屠杀》

“我看到了从画家笔尖喷涌而出的愤怒！”评论家戈蒂埃感慨道，“如此强烈的色彩，会让那些‘古典主义’画家的假发一根一根倒竖起来的！”

展方专门为安格尔开辟了一间展厅，展出这幅深受波旁皇室青睐、受到极高赞誉的作品。得意洋洋的安格尔同意再拿出十幅作品，它们被一同悬挂在空旷的展厅中。德拉克洛瓦的《希阿岛的屠杀》与其他画家的作品并排陈列，展览厅里人头涌动，德拉克洛瓦本人面带微笑，来回观摩展厅四壁悬挂的作品，时而专注地沉浸在画面的意象中，时而兴致勃勃，与来来往往的参观者谈笑风生。热情高涨的人们时不时围拢上来，试图与他就艺术理念进行一番探讨。

“这是一场视觉的盛宴！”热情洋溢的人们说。

“德拉克洛瓦简直就是一个癫痫病患者！大自然的法则被他糟蹋得一无是处！在所谓的‘浪漫主义’绘画里，什么时候出现过真实的人体形象？他们塑造出一堆麻风病

希阿岛屠杀：1822 年，土耳其人占领并血洗了希腊境内的希阿岛。两万三千平民被杀，四万七千人被卖为奴隶。英国浪漫主义诗人拜伦加入了支持希腊人民的战斗，献出了年轻的生命。

人，毫无道理地扭脱人的关节，强迫人们头上脚下地走路；把圣洁的圣母和天使，刻画成北美的印第安人！绘画理应是健康、合乎道德的。火刑、死刑难道也能作为题材吗？这种恐怖如何值得欣赏？它们毫无生气，令人作呕！艺术只应当反映美，必须由美的事物来教育人们！”

“安格尔先生真正是迂腐学究气的卓越代表！”泰奥菲尔·戈蒂叶讽刺道，“他不惜一切代价，将人物的思想感情塑造成所谓‘风格’，就像用模具制出的标本一般整齐划一，可惜这风格单调得可怕！若‘形式’是不容置疑的唯一标准，画家何来好坏之分？人类伟大的情感根本没有存在的必要了！”

“浪漫主义绘画终将不容置疑地在艺术史上占据一席之地！”德拉克洛瓦满面春风地说。

“德拉克洛瓦的作品在绘画史中具有承前启后的意义！”有人评价道。

“人们总是随波逐流，缺乏洞察力，容许凭荒诞不经的事物用虚伪炫目的面貌欺骗整个时代！”有画家愤愤地抨击道，“低能的鉴赏者和拙劣的美术家颠倒是非，控制一切！他们以傲慢、偏见和混乱浅薄的知识，百般摧残这个国家的艺术，毫无怜惜地践踏前人奠定的基础，像白蚁一般啃噬艺术的精髓，艺术最终会在这些无耻之徒手中走向毁灭！让孤陋寡闻的人为‘浪漫主义’喝彩去吧！这群瞎子，他们更加不幸！”

格罗：法国浪漫主义画家，以拿破仑军事生涯的历史题材而知名。他是大卫的得意门生，但是作品中已经显示出了浪漫主义倾向。

第 5 章：安格尔的巴黎画室

严师出高徒

1825 年，安格尔在巴黎成立了属于他自己的画室，从事美术教学。年轻人纷纷投到他的门下，重要的定画也蜂拥而至。他是个好的领导者，1829 年，他就任艾柯尔·德·伯萨尔学校教授；1830 年的六月革命中，他和其他艺术家齐心协力保护卢浮宫珍藏，甚至不惜暂时放下派别之见，与艺术论敌德拉克洛瓦合作；1833 年，他被选为校长。

安格尔和妻子终于过上了快乐的家庭生活。教授职位为他带来 100 路易多尔的薪金。在生活方面，他量入为出，但是在艺术方面，他愈来愈渴望更多。

“我的画室里现在挤满了热爱绘画的年轻人。”安格尔说，“我曾经是、现在是、将来还会是古典主义最忠实的捍卫者。过去的日子里，我面对无数人尖刻的质疑，就像渔夫独驾扁舟，迎接惊涛骇浪。现在，耐心的等待和坚韧的努力，终于等到了拨云见日的一天！”

不过，他也抱怨道：“为什么我拙于用文字来表达自己的鲜明思想？无能之辈轻而易举之事，我却不能！每念及此，我便脸颊发烫！”

“老师是一个了不起的人！”他的学生说，“来到老师的画室以后，我领略到了，艺术理念并不是一个面目可憎的修士，理论本身也可以像画中的少女一般身姿曼妙。一个好的教师正应如此，运用浅显的语言、生动的比喻，将深奥的理论诠释得简单易懂，这是教育人的艺术！”

“他对自己秉持的信念像虔诚的教徒一般狂热！看着老师站在一幅拉斐尔或米开朗琪罗的作品前面，满脸沉醉的神色，话语中充满了激越真挚的情感，每一个听讲的人都会受到感染，就像他本人是艺术之神的化身一样！”

“他坚称，拜入缪斯门下，必须立志成为坚定的艺术卫道士。他总是说：绘画必须如此，如同铁律，不可动摇！

安格尔纪念大铜章（正面）

安格尔纪念大铜章（背面），图案为其作品《洛哲营救安吉莉卡》

看他在画布上舞动画笔，人们会以为他是一个高高在上的教皇，手持神圣的权杖。教皇的权威是不容置疑的！如果我某天兴致大发，溜进德拉克洛瓦的画室里与他探讨一二，再将浪漫主义画派的元素稍事运用到自己的作品中，老师一定会暴跳如雷，立马把我的纸笔连同我本人一起从这个地方扔出去！”

“大部分时候，老师平易近人，甚至手把手为学生示范。他会直接用指甲在纸上划出准确的线条，修正学生画得不准确的地方，其精准程度令人叹为观止。但是，如果你们因此就认为自己可以擅作主张，那就大错特错了，要是谁固执己见或者别出心裁，他会大发雷霆！”

“年轻人，”老师安格尔在手持调色板和颜料、恭恭敬敬的学生们面前说，“素描需要不断地练习，如果手中没有铅笔，就用眼睛来画。忠实于自己的印象，同时，不要做模特的奴隶。将‘美’的因素放大，不要让它们淹没在一堆平庸的、繁杂无序的细节中。为欣赏的人们指出艺术的真谛所在，就像在漆黑的夜里为前行的人们点燃一座灯塔！

“用头脑去支配手。真挚的情感可以替代一切。热情地捕捉对象，仔细观察，从各个角度再现它们，将形象融汇到自己的创作意识中，在胸中酝酿成熟。否则，当画家提笔的时候，只能在纸上搜索不定，更不用说兼顾整体了，最后只能得到一堆支离破碎的形状。”

安格尔拥有一转眼间用两三笔勾出人物动作的技巧。他总是热情地为学生做示范。“看看你们眼前的这个模特，这个美丽的孩子，”那个10岁的男孩抬起明亮的眼睛望着他，他盯着孩子看了很长时间。“请您变换一下姿势。”孩子摆出弯弓射箭的姿势，仿佛一个小小的爱神丘比特，用一条腿站立，另一条腿悬在空中。“对，这正是我想要的。”他转向学生们说，“捕捉人物的造型，最好在第一眼便留下深刻的印象。哦，请给我一张纸。”一眨眼工夫，他便在纸上草草勾勒出了孩子的轮廓。

“先生，”那个年少的孩子说，“我没法保持不动。”他屈起的腿在空中微微移动着。对于一个十岁的男孩而言，这个姿势困难了一些。“没关系，孩子。”安格尔说。在短短的时间内，他已经将孩子移动后的位置记录下来，并且多画了两条腿。

“素描要落笔精确，一气呵成，牢牢地抓住人物的特征。要能用铅笔捕捉从房顶上掉下的人的轮廓!”安格尔对在场目瞪口呆、心悦诚服的人们道，“撇开绝对的准确性，艺术的生动就无从谈起。似是而非等同于虚伪！追求准确的表现和完美的风格，不要惋惜为此付出的时间和精力。”

“同时，献身艺术事业的诸位，希望大家保持一颗真诚的心。艺术的道路上容不得功利心的存在。”安格尔说。

“安格尔先生，”雕塑家丢列恭恭敬敬地说，“感谢您的莅临。作为一个刚涉足艺术的新人，能够得到您的点评，真是再幸运不过了！我的新作《舞蹈着的拿波里少年》，创作过程还算用心，但是自觉仍有种种不足，苦于不知如何改进。之前目睹了您的新作《路易十三的宣誓》，深为您高深的艺术造诣折服，因此斗胆呈上拙作，见笑了。”

年轻的雕塑家立在安格尔身后，亦步亦趋，如履薄冰，大气不敢出，这位画坛新贵的一句评论也许就能决定他的艺术生涯。

“嗯。”安格尔和蔼地说。他很欣赏这幅《舞蹈着的拿波里少年》，“真是优秀的作品！我已经在它身上看到了艺术的璀璨光芒！看看这位舞蹈者，他英俊的面庞多么欢快而富有朝气！看看他舞动的胳膊和双腿，他是静止的，却能让人感觉到跳跃的鼓点和律动！哦，孩子们，你们没有人想应邀共舞一曲么?”

学生们发出了赞许的笑声，年轻的丢列双颊红通通的，

国外发行的安格尔及其作品的邮票

眼睛里闪烁着喜悦的光彩。安格尔继续说："同时，我也感受到了这位年轻人博大的胸怀。看看这个少年，他的身形多么矫健！充满生命的活力！我能感觉到，这位雕塑家心中充满了对自然的、对生命的热爱！"

年轻的雕塑家几乎要合手高声祈祷了。学生们善意地笑着，七嘴八舌地加入了评论。雕塑家抹去额头上兴奋的汗水，连连地向众人致谢，他几乎语无伦次了。"我真是受宠若惊!"雕塑家说，"初出茅庐，能够得到您的肯定，真是莫大的嘉奖！哦，如果我的作品有幸得到大家垂青，尽管开口便是！我一定以最低的售价……"

"嗯?"安格尔猛地转过头来，打量着眼前的雕塑家，"您的工作条件如何？艺术创作是您的唯一收入么?"

被这么一问，雕塑家有些不知所措，他不知道大画家用意何在，腼腆地道："安格尔先生，我的创作环境还算安稳，艺术只是我的一项爱好而已。家父为我提供经济保障，足以让我安安心心地从事这项工作。我每年都有可观的利息收入，大概12 000法郎……"

"呵!"一瞬间，和蔼可亲的安格尔消失了，尾随的学生战战兢兢地看着他们熟悉的那个严厉的老师对着雕塑家大声呵斥。这位年轻人刚刚在众人的赞誉中冲昏了头，画家的训斥像一盆冰水劈头盖脸泼下来，他目瞪口呆，完全不知道发生了什么。他触犯了画家的大禁忌：如果经济收入已经完全不需发愁了，再用艺术牟利就是商人的行为，安格尔决不允许这种行为出现在艺术家身上。

安格尔对初识的年轻人厉声说道："先生，当一个人已经坐拥每年 12 000 法郎的利息，大可不必再给他的雕塑作品穿短裤了！"言毕拂袖而去。

精益求精

"老师，您对那位年轻人是否太过严厉？"

"不，我丝毫不这么觉得。命运之神已经足够垂青，他毫无理由在艺术创作中混入铜臭味！若我以自己的标准去要求他，那才算严厉呢，这个人不及我的十分之一！不管如何困窘，只要作品不够满意，我绝不在画作上签名。有缺陷的作品不允许运出我的画室，不能达到我的标准，我绝不标价出售！"

安格尔的完美主义倾向有时会达到神经质的程度。伽蒙曾经携作品《沽酒的布列塔尼人》前往拜访安格尔，他钦佩这位画家，希望在他的指导下工作。然而，伽蒙崇尚自然主义，画面粗俗不堪，导致每次他将画拿到安格尔眼前，安格尔便将画转过去对着墙放。直至伽蒙不再重复这一举动，他们的谈话才热烈起来。

一个商人曾为他带来一大块委拉斯开兹的画，表示这是一块大画布上割下来的。安格尔兴奋不已，同时也愤怒得喘不过气，在狂怒中他道：“你这卑鄙的渎神者，你把这件作品毁了！……”

安格尔自己的画笔一定要用到只剩三根毛，这时他会轻轻与它吻别，再将它扔进火炉。有一次他感到一支小小的画笔在向他祈求：“让我再活几个钟头吧！”于是安格尔用它画了一个美丽的局部。“我依从了它——这也许是我画中最好的一个局部。”

安格尔时不时在学生面前演奏小提琴，他虽然技巧并不高超，却以真挚的感情和朴实无华的情绪得到了交口称赞。他崇拜莫扎特，盛赞贝多芬与海顿。有一回，亨利·贝尔在宴会上武断地说：“贝多芬没有什么悦耳的作品。”安格尔猛地将背转向他，对看门人道：“若这位先生再次拜访，我将永远不在家！”

对待自己的作品，他更加严苛。“我不时重复创作过去的题材，难道我不想尝试新的东西吗？也许我能发现更有分量的题材，赋予它全新的面貌与技巧，这样便能引来人们的注意，而我将获得更多名气。可惜，我从来不屑如此。如果我对某件作品不够自信，一定会深思熟虑，在某个时候重画一遍，如果还不行，就再来一次。占用时间吗？我不会在老题材上偷工减料。多花一点时间，好过欺世盗名！”

《洛哲营救安吉莉卡》，安格尔前前后后画了四次，《保罗和弗朗茨卡》画了六次。《授圣餐的圣母像》被他来来回回画了五次，因为他不满足这幅作品过于“拉丁化”的风格。

“有人认为我重复同一个题材是因为缺乏想象力。对于这种曲解，我嗤之以鼻。”安格尔不屑地说，“我对待自己的作品太过精心，所以能示之于众的‘巨作’实在是有限。不少人曾经好心劝我：‘别再重画了，赶紧收尾吧！’他们不了解，但凡我满意的作品，至少20次被重新放上画架，苦心孤诣地加工，才最终造就。喔，我不会改弦易辙！”

有时候，他的学生偶然走进画室，会大吃一惊，他们

《保罗和弗朗茨卡》

可能会看见老师正在画架前哭泣，画布上，往往是上色到一半的肖像，要么就是被涂抹得斑驳一片的素描稿。

“老师!”学生惊讶地说，“我看过您修改前的作品，它已经堪称完美了。您为什么要大动干戈?”

“这就是我和那些狂妄自大的画家的区别!”安格尔说，“愈是不自量力、自以为见解深刻的人，愈是觉得自己的作品完美无缺，一笔也不要再改。而在我眼里，我从未对自己的作品真正满意过!”

“他没完没了地修改本已热情洋溢的绘画，直至稀少的一点率真情感也消失不见。有时候人们会觉得他本应有更多作品。”批评者道。

他勤奋有余，进步依然缓慢。但是他自己对此满意。他宣称道：“急于求成的东西总是充满缺点！伟大的作品总是有缺陷的！但是我能够补救，让主题更接近理想化，让形象更趋完美。我有上千幅速写作品，其中任何一幅都没有敷衍之处，我能保证——而且，他们该看看我完成的速度！这些素描速写，每一幅只能带给我20法郎收入，我急需补贴家用。以同样的速度，我可以完成多少‘巨制’?”

画家奥拉斯·维尔奈说：“别人都以为我作画很迅速，

你们应当看看安格尔是如何绘画的！和他相比，我作画慢得像乌龟爬。”

“我曾经日复一日地沉浸在同一个题材的创作中，但是也曾经在短暂的时间内完成大量速写作品。对待这两种看似差异巨大的作品，我的态度是相同的——如果我用三年的时间创作一幅巨制，至少有半年用于布局和细节构思；如果我用半个小时完成一幅速写，至少会用一半的时间观察绘画对象，设计一个非凡的造型。画出一幅成功的作品，必须深入推敲人物的脸部，进行仔细、全面、长时间的分析，甚至把整个第一阶段都花在这种研究上。”

他以五年多的时间创作《圣母》，为此债台高筑，几乎难以偿还。

“安格尔先生对待绘画的严肃态度，就像直尺和圆规一样精确，而他的狂热，又使得他不顾一切地把这套标准强加给学生。”波德莱尔评论说，“安格尔先生热爱古希腊罗马艺术，他将同样的热爱给予他的模特们；他是大自然恭顺的信徒，因此，他的艺术表达总是由内心流淌而出，这种热忱贯穿在他所有的技巧中，使得他用最稀奇古怪的创作手法也能画出最令人信服的作品。他的人物肖像与古罗马最好的雕刻不相上下。而可惜的是，他的学生们墨守

《圣母》

成规地沿袭了他的技巧中刻板机械的部分，却没有继承造化赐予他们老师的艺术热忱，因此，在他的学生的笔下，只有一堆教条、无生气的作品。杰出的老师实在没有教出能与他并驾齐驱的学生，即使稍能企及的也没有。”

“难道能把米开朗琪罗造就的一伙贝尼尼都算作他的罪过么？米开朗琪罗总是说：‘我的风格会产生许多笨蛋！’效仿者们的命运必定如此，而有能力和独创的人物，他们的成绩也绝不应归功于某种画派！”他的学生反驳道。

安格尔这位艺术的卫道士也不免黯然。“艺术被摒弃，一切都在腐化，即使拉斐尔再世也无法创造奇迹……没有一个人听从我的叫喊。我不可理喻的感觉被人称为幻想；而我对美的理解，引来了诸多恶意的中伤，使我日以继夜地遭受精神的折磨。理解我的人寥寥可数，且还在日复一日地减少！我孑然一身面对愚昧粗俗者的挑战，捍卫艺术家的荣誉，却倍感绝望。我渴望坚持信念、正确行事便能获得成绩，然而，谁知此中代价？给我一点怜悯罢，不要让我在此之前停止呼吸！”

贝尼尼：意大利雕刻家、建筑师，十七世纪最伟大的艺术家，巴洛克艺术的首席人物，多才多艺，其对他所处的时代的影响，后人无人能及。

线条？色彩？——大师们的争论

安格尔的素描作品是公认最优秀的。仅凭这些作品，他足以跻身最伟大的造型艺术家行列。他在线条的表现力上达到了登峰造极的程度，不仅呈现出了朴实、自然的印象，还能洞悉绘画对象的内心。有人甚至认为他的素描比拉斐尔的还要出色，他们称赞道:“拉斐尔能出色地驾驭大面积的壁画，却不能像安格尔那样惟妙惟肖地画出你们最亲近的人!”而安格尔则公然以“素描学派”自居。在他看来，线条就是一切，是艺术的本质，是取得真正美的唯一基础。色彩是空虚的，只是绘画的一种装饰手段而已。“素描不光是线条构成的，它有表现力，是艺术的雏形。除了色彩，它包罗了一切!”依靠简单的线条，虚与实、光与影在他手下表现得淋漓尽致。连德拉克洛瓦的支持者、诗人波德莱尔也由衷赞美道：“他用异常简练的线条，将理想和自然完美地结合在了一起!”安格尔所有的素描人物都显得异常典雅高贵，而且最大限度地展现出各自的个性特征。为了做到这一点，他不惜采用漫画化的夸张方式。他最为著名的素描作品包括《斯塔玛蒂一家》、《迪昂斯夫人》、《小提琴家帕格尼尼》等。

“小提琴之王”尼古拉·帕格尼尼曾经分别向安格尔和德拉克洛瓦订制了一件肖像画。在安格尔的素描中，帕格尼尼半侧身面向绘画者，神情安宁而矜持，他左臂挟着小提琴，两手分别托着琴颈和琴弓，仪态端庄高贵，彰显了他作为古典主义音乐家的严谨和良好修养。安格尔着力描绘他的面容，音乐家面容清癯，眼神中饱含着洞悉一切的智慧与自信，仿佛在说：“看吧，我洞悉了上帝隐藏在音符中的奥秘!”刻画人物的上半身时，安格尔采用了简捷的、虚化的线条，与面部浓墨重彩式的处理形成了相得益彰的对比，寥寥几笔却精准而传神；而小提琴家那双有着娴熟技巧、异乎常人的手，又作了恰到好处的强调。安

帕格尼尼：意大利著名小提琴演奏家、作曲家，属于晚期古典乐派和早期浪漫乐派。历史上最著名的小提琴演奏大师之一，对小提琴演奏技巧作了诸多创新，对小提琴和钢琴的演奏技巧与作品均产生影响。

《斯塔玛蒂一家》

《迪昂斯夫人》

《小提琴家帕格尼尼》

格尔遵循他的一贯风格，为观众呈现了一位淡漠而优雅的、完美无缺的艺术家形象。整幅画线条流畅，一气呵成，画家本人的浓厚音乐修养同他的绘画和谐圆融地融合起来，人物的线条也同音乐旋律一般，拥有和谐典雅的节律感。

而在德拉克洛瓦的作品《小提琴家帕格尼尼》中，音乐家却判若两人。与安格尔表现的高雅和严谨相反，整幅画仿佛是由少数几种颜色的色块略显零乱地拼凑成的，画家仅用少量的线条，便生动地刻画出了音乐家演奏时的神态。正在演奏中的音乐家闭着眼睛，眉毛高高挑起，嘴角带着玩世不恭的神情。他微侧着头，倚靠在自己心爱的小提琴上，正全身心陶醉于音乐的世界，仿佛因为太过投入地演奏而忘却了一切。他的身体因为激情澎湃的演奏而扭曲成S形，重心几乎完全移到了左脚。画家舍弃了形态的清晰与优美，却生动地展现出音乐家的内心。人物与背景的色调是一致的，几乎要融为一体，背景色彩像炽烈燃烧的火焰，围绕着画面当中的音乐家，如同随激越旋律舞动的精灵。如果说安格尔的人物是“静”的极致，那么德拉克洛瓦的绘画则是“动”的典范，这“动”是人物情感火花的跳跃，恰如小提琴琴弓上的音符。帕格尼尼，这位不可思议的人物，被称为“操琴弓的魔术师”、“在琴弦上展

德拉克洛瓦　《小提琴家帕格尼尼》

现了火一样的灵魂”，似乎只有如此大胆的绘画才能匹配他不羁的才能。

可以想象，安格尔和德拉克洛瓦——古典派和浪漫派两大派别的代表人物，陷入了一场如何激烈、持续的争论。在当时的法国，古典主义正日渐没落，工业革命的蓬勃发展，促进了法国社会经济与文化的进步，同时也推进了美术的发展和蜕变。安格尔携《路易十三的宣誓》回国，开创他的独立画室，几乎是孤军作战，与巴黎日益盛行的浪漫主义画风抗衡。他悲愤地宣称道：“人们即将完全忘掉艺术！没有艺术怎么生活？它对风俗、道德以及民族的荣誉都是必需的！”

两大阵营针锋相对，水火不容。

“看看现代画家‘引以为荣’的作品吧！”安格尔抨击道，“矫揉造作的构图，哗众取宠的色彩，纯粹是缺乏内心语言的技巧卖弄。是的，古代人不会用自然中不存在的色彩魅力来吸引视线，因为这会转移人们对美的事物的注意。只有心灵才值得赞颂！”

德拉克洛瓦在杂志上发表言论道：“美的形式多种多样，不应当要求不同的艺术家都具有相同的审美观！拉斐尔作品中的庄严、质朴与运动的和谐，与穆里洛笔下人物丰富的表现力，是同样值得赞美的!”

安格尔则嘲笑道：“要拥有去伪存真的理智能力！将穆里洛和拉斐尔相提并论的狂热态度真是匪夷所思！古希腊、古罗马的艺术审美和造型，是艺术美唯一的标准。通过歪曲经典作品的方式发现所谓‘新事物’，这是彻头彻尾的虚伪!”

德拉克洛瓦不客气地反驳：“古典主义者们的奇特嗜好，就是将已经被埋葬的事物发掘出来重见天日。即使它们脱离这个时代，与我们的言行相去甚远，他们还要强加给所有从事创作的人，束缚住他们的手脚，这实在是危险的行径!”

安格尔宣称：“世界上只有一种艺术，那就是永恒的美与自然。纯洁和自然的美不需要别出心裁，只要是美的，就足够了。自然之美是永恒的，伟大的、美的创作是不朽的，任何与之背道而驰的人注定将以失败告终。”

德拉克洛瓦回击道:“艺术的本质，是在不断的发展中更新的，每隔二三十年，它就应当以全新的形式呈现，这才是艺术永恒不变的、高尚的理想。美的历史就是演变的历史，我们的责任是去书写它!”

安格尔说：“创新——这是一个很容易出口的、轻飘

《安格尔与德拉克洛瓦之争》（漫画）

飘的借口！有的人好以创新为名，掩盖他们贫乏的绘画技巧。这些人以科学的发展为借口，认为社会的所有方面都应当与时俱进。然而，在艺术造型领域，还有什么未被发现？难道定做一副更清晰的眼镜，就能发现自然中新的轮廓、色彩与结构吗？艺术的一切本质早已在菲迪亚斯和拉斐尔笔下展现无遗，前人留下的唯一永久不变的责任，就是维护他们所揭示的真理，永葆美的传统！”

德拉克洛瓦说：“学院派像一个老朽而顽固的学究，新生的、鲜活的事物，在他们看来像瘟疫一般唯恐避之而不及。他们作出的全部可圈可点的‘成绩’，便是竭尽全力制定刻板的规矩，然后一丝不苟地遵循它们。将艺术创作牢牢控制在约定俗成的道路上，不越雷池一步，成了学院派的全部追求。他们早已丧失了创作中应有的率真，以‘永恒不变’作为巩固自己地位的虚假教义与信条，永远被钳制在‘规则’之中！”

安格尔说：“粗野的艺术风格更容易被多数人接受！不学无术者总是偏爱装腔作势的动作和刺眼的色彩，清高

菲迪亚斯：古希腊雅典雕刻家，擅长雕刻神像。传说他能通神。主要作品包括雅典卫城上的巨大雅典娜铜像、奥林匹亚的象牙嵌金宙斯像。

脱俗、庄严肃穆的美被他们置若罔闻。德拉克洛瓦的绘画，连他的老师格罗都无法忍受。年轻人总是容易被新鲜的玩意儿所吸引，他们尊称德拉克洛瓦为‘先锋艺术家中的领袖人物’，赞誉《希阿岛的屠杀》夸张的、对比强烈的色彩为‘艺术家澎湃的激情’。古典主义的宁静和优雅被彻底践踏，被抛弃！为什么公众能容忍德拉克洛瓦声称自己是最纯粹的古典派？鲁本斯——这位把前人的一切统统抛弃掉的‘大师’，他的画作就像是肉铺，满眼都是一条条横七竖八的、新鲜的肉。卡拉瓦乔！此人出生的全部意义就是为了毁灭绘画。契里科的《梅杜萨之筏》、《骑兵团军官》、《受伤的重甲骑兵》完全应当从卢浮宫清理出去，它们应当被扔进某个阴暗的角落，那才是它们的正当归宿。这种作品堂而皇之悬挂在卢浮宫，唯一效果只是降低观看

梅杜萨之筏：1816 年 7 月，法国巡洋舰“梅杜萨号”载 400 多名官兵和少数贵族前往圣路易斯港。由于舰长缺乏能力，船只在西非搁浅，船长和少数高级官员乘救生船逃生，剩下 150 人在临时搭制的木筏上随波漂流，经历饥渴、酷暑和暴乱后，仅有 10 人生还。

契里科　《梅杜萨之筏》

者的品位。”他同样教导自己的学生：“你们在大街上见到我的敌人，或者在博物馆见到鲁本斯的画，都应该不加理睬地走开！”以上针锋相对的言辞，只是他们激烈争论的冰山一角而已。

毁誉各半

“我只有拿出一件实实在在的作品，才能让色彩主义画家们闭嘴！”这一时期，安格尔几乎不再从事肖像画的绘制。过去，在贫困生活的逼迫下，他不得不靠绘制肖像谋生，对此他早已厌烦。他接下了卢浮宫美术馆的天顶画工作，开始酝酿新的历史题材作品。1827 年，他创作了尺幅宏大的天顶画《荷马礼赞》。

这幅画明显存在着模仿拉斐尔《雅典学院》的痕迹，画面显得零乱和拼凑，但它在安格尔的所有作品中分量非常重。古希腊盲诗人荷马高高地坐在画面正中，胜利女神正在为他戴上文学之神的桂冠，昭示荷马在古典艺术中拥有的至高无上的地位。在他身边，一共簇拥着四十六位在西方历史上具有举足轻重位置的诗人、哲学家、艺术家、政治学家、历史学家等各个领域的杰出人物，其中有很多人是安格尔终生敬仰的精神导师，包括维吉尔、萨福、拉斐尔、欧里庇得斯、索福克勒斯、希罗多德、品达、柏拉图、苏格拉底、伯里克利、菲迪亚斯、米开朗琪罗、亚里士多德、亚历山大大帝、但丁、莫扎特、普桑等。

在这幅画中，安格尔借用历史人物和典故，寄予了丰富的隐喻和含义。荷马的失明，暗示古典艺术在当今世界已被颠覆；普桑一手指向荷马，神色严厉，好像在抨击现代人对古典传统的背叛；莫里哀手持古代戏剧面具，似要将古典艺术风格传递下去；画面右边拿着竖琴的品达和左边的索福克勒斯、欧里庇得斯都是荷马的艺术的传承者，暗示古典艺术的星星之火一息尚存；拉斐尔的引导者阿佩莱斯形象是朦胧的，暗寓他的作品已经从现代人的视线中

维吉尔：古罗马奥古斯都时期最重要的诗人，作品包括长歌《牧歌》、《艾奈特》和史诗《埃涅阿斯纪》。

萨福：古希腊女抒情诗人，一生创作大量情诗、婚歌、颂神诗、铭辞等。

《荷马礼赞》

消失了；菲迪亚斯将手指向额头，暗示摆脱外在视觉印象的影响，才能触碰到艺术的真谛。在1827年这一题材的创作中，安格尔加入了莎士比亚。尽管他热爱莎翁的作品，但是由于莎翁的浪漫主义倾向，为了捍卫古典主义的纯粹，在后来多次再创作中，经过反复犹豫，安格尔最终将莎士比亚剔除了出去。

安格尔以此作向偶像拉斐尔致敬。在画中，借盲诗人荷马的形象，他将拉斐尔推崇到古典艺术史的至高位置；而重现《雅典学院》的布局，则昭示自己的艺术风格与拉斐尔有着千丝万缕的联系。在古典艺术日益萧瑟的局面下，安格尔自诩为古典艺术的正统继承者，替代了文艺复兴时期大师曾经的位置，肩负着崇高使命，他坚信自己的努力终将使古典艺术在未来再一次复兴。

安格尔的支持者向他的创作表达了敬意，赞誉他探索传统的精神："它简直就像古代遗迹中发掘出的湿壁画！"

希罗多德：古希腊作家。他将旅行中的见闻和第一波斯帝国的历史记录写成的《历史》一书，成为西方文学史上第一部完整流传的散文作品。

柏拉图：古希腊哲学家。西方文化最伟大的哲学家和思想家之一。

此时，安格尔的名誉如日中天，他渐渐摒弃了过去一再探索的大胆技巧，愈来愈趋向中规中矩的风格。画家自恃有古典艺术的神圣人物同等的权威地位，他需要巩固这一艺术水准制高点，创新与突破无疑成了对自己的挑战。

1832 年，他创作了《贝尔坦先生》。贝尔坦是巴黎一位著名的出版商。请著名画家为自己绘制肖像是当时上流社会的风尚。这位社会名流慕名登门拜访安格尔。

“安格尔先生，”头发花白的老人道明来意，“鄙人是《争论杂志》的创办者贝尔坦，对绘画略通一二。您的大名在巴黎如雷贯耳，鄙人此次登门拜访，希望能够请您为我绘制一幅肖像。”

“承蒙抬举，”安格尔说，“我一定全力以赴。”

在准备阶段，安格尔对这位巴黎名流的形象、性格特点作了充分了解，他以不同的角度和造型画了大量素描。

“安格尔先生，您的每一幅‘草稿’都堪称精品。不管您将哪一幅用于最终创作，我都会非常满意。”

品达：古希腊第一位有史可查的作家，被称为“抒情诗人之魁”。

索福克勒斯：古希腊人，雅典三大悲剧作家之一，世上最伟大的剧作家之一。

《贝尔坦先生》

“感谢您的夸奖，贝尔坦先生。在正式绘画前充分准备，是每一个优秀画家的必备素质。请再给我一点时间。”

一切都已妥当之后，他终于进入了正式的肖像绘制阶段。在这一次的创作中，他采取了与往常迥异的风格。画面异乎寻常地简洁。毫无赘饰的朴素背景下，贝尔坦先生稳稳地坐着，整体构图呈金字塔形，威严而庄重；贝尔坦先生的双手支撑在膝盖上，显出不容置疑的力度；神情内敛，蕴含着强大的意志；眼神犀利、深邃而睿智，似阅尽风雨，洞悉世间万象；身材魁梧，雍容、厚重，气度尽显。整幅画淋漓尽致地刻画出 19 世纪一位靠双手与信念起家的典型的资产阶级上升阶层人物形象。该作品一经展出，便引起巴黎画坛的巨大轰动。安格尔这幅画作一反过去柔美纤弱的风格，被公认为这个时代罕见的杰作，代表了 19 世纪欧洲肖像画最高水平。

“这里没有‘为艺术而艺术’，它涵盖了整个时代的形象！遗憾的是，这样的作品在他的创作中实在不多。”评

欧里庇得斯：雅典三大悲剧大师之一，创作了九十余部剧本，现存十八部。

莎士比亚：文艺复兴时期英国伟大的剧作家、诗人，人文主义文学集大成者。

论家道。

1828 年，画家接受了奥登大教堂的委托，创作大型圣坛画《圣西姆弗里昂的殉难》，并于 1834 年展出。它描绘了圣徒西姆弗里昂赴刑场受难途中的情景。安格尔在这幅画上花费了最多的时间，也寄托了最大希望。他为其中的每一个形象画了大量素描稿，每一幅画稿都精细而生动。

“我投入了如此多的心血和全部期待，希望它使我名垂青史！”

安格尔在画中精心堆砌了大量传统艺术元素。然而，他一如既往地缺乏驾驭大场面的能力。他轻视“题材”、过度强调美感，亦步亦趋地踏着大师的脚印前进，却毫无独创之处。即将殉难的圣徒面容平静，他高举双手，优雅地回头注视将他押赴刑场的士兵，身着白色的、引人注目的古希腊服饰，让人以为他在跳一种华丽的舞蹈。“暴徒”

苏格拉底：古希腊著名思想家、哲学家和教育家，和他的学生柏拉图、柏拉图的学生亚里士多德并称“希腊三贤”，被奉为西方哲学奠基者。

伯里克利：古希腊奴隶主民主政治杰出代表，古代最著名的政治家之一。

亚里士多德：古希腊人，古代史上最伟大的哲学家、科学家、教育家之一，是亚历山大大帝的老师。

《圣西姆弗里昂的殉难》

则表现得过分友好。站在他身后的一个人举起右手食指，像一位热衷教训年轻人的长辈，让人想到《雅典学院》中探讨真理的学者。一个士兵举起肌肉健美的右臂，仿佛要振臂高呼或者恫吓身边的妇女。而一个妇女以不可思议的幅度从城头探出上身，作出骂街的气势，身边人不得不紧紧搂住她防止她掉落下去，这是所有“暴徒”中最激愤的一位，可是她看上去并不能对主人公造成伤害。他们都很有分寸。

这幅作品遭到了巴黎沙龙的公然拒绝。人们的冷淡反应像一盆水，浇灭了画家炽热的期望。

“这幅画既没有表现出基督徒自我牺牲的崇高精神，也没有表现出迫害者残忍的兽行。”波德莱尔评价说，“安格尔先生与古希腊罗马风格的差异，就如同上流社会的彬彬有礼和与生俱来的善良品质的关系一般。”

“我做了不少善事，而获得的都是恶报。”安格尔说，“我听到了热尔逊·格罗和列基耶尔画室里不堪入耳的粗野谩骂！‘当心这个人，离他越远越好！不要受他的影响！’

亚历山大大帝：马其顿帝国的国王，古代史上最著名的军事家、政治家，欧洲历史上最伟大的军事天才，极负盛名的征服者，将古希腊文明传播至欧亚非大陆。

更为甚者，我的优秀学生竟然遭到学院的抵制，他们被取消参赛资格！这些小偷人多势众、串通一气，而我孤掌难鸣。我将这画撤出巴黎，而且绝不再改变这一决定！这是对我忍辱负重唯一的镇痛剂。”

这一年，五十六岁的安格尔回到意大利，在他的母校罗马法兰西美术学院，接替了奥拉·维尔奈的职务，担任学院的院长。

“我热爱、理解我的艺术，超过以往任何时候！”他说道，“我将仍按照自己的趣味来创作！”

但丁：中世纪最后一位、也是文艺复兴时期第一位诗人，现代意大利语奠基者，文艺复兴开拓者之一。

莫扎特：奥地利作曲家，欧洲最伟大的古典主义音乐家之一，作品囊括当时音乐的所有类型，对欧洲音乐发展影响巨大。

第6章：重返罗马——执掌法兰西美术学院

安享天伦之乐

离开巴黎，前往罗马，画家郁郁寡欢。在无奈中突然决定离开故国，离开已经熟稔、情谊深厚的朋友，他感到怅然若失，甚至心情沉重，忍不住在给朋友哈托的信里大发牢骚。“在你看来，这回我去罗马，整个决定、整件事情就是一个‘严重的错误’。谁是犯错的人？是允许我前往罗马的人么？不，我倒认为是所谓‘官方’。巴黎艺术界不认同我的绘画，我只能表示，这个国家不是我应当的归宿。这是迫使我离开的根源！它向来存在，没有丝毫好转的迹象，因此，我只能遵循自己既往的所作所为，即便会重蹈曾经的一切痛苦。”

到罗马一个月后，他渐渐适应了当地的一切。他在信中写道，“前任院长与我相谈甚欢。但是，我并没有因此被收买，我将我行我素。我少不了与大使馆官员们打交道。法兰西把她风度翩翩的官员们都派遣到了国外。使馆秘书们既能干又热心。尤其要提起的是，我现在从事的职业，真是光荣而令人喜悦！学生们对待我，就像我曾经对我的老师一样。我从他们年轻的脸上看到发自内心、毕恭毕敬的真诚。这些学生都是法兰西的公费生，最优秀的艺术人才！一开始，他们竭力反对我接替他们的老院长——谁知道他们是不是受了巴黎沙龙的影响？但是很快，就像拉斐尔将我彻底征服，他们无条件地转向了我！他们尊敬我，将像我崇拜拉斐尔一般狂热！在他们看来，我是他们学院历史上最著名、最优秀的一位，过去如是，将来也无人可比！”

“尽管他在绘画风格上绝对地专制，但是，他无疑是一位值得信赖、尊重的老师！”他的学生说。

在罗马的生活平静而舒适。

“亲爱的，我很喜欢这里的生活。”他的干练而贤惠的妻子说，“每天清晨，我在明亮宽敞的房间里醒来，看到

安格尔

熹微的阳光透过一丛丛小树林，照进窗户，这真是一幅静谧优美的风景画！罗马美术学院为你提供了如此优越的生活条件，亲爱的，我相信他们是诚心诚意敬重你的。”

“我要感谢你这位‘内务大臣’，为我打点一切。我不擅长处理杂务。”安格尔恭敬地吻了吻妻子的手，“在法兰西学院，事务繁多，一天结束，我总是觉得疲乏，精神上却很充实。既然你喜欢这里，我们就留下来吧！曾经，你陪我熬过清贫的日子，虽然我相信自己终有一天将得到承认，可一切只是空中楼阁罢了。你信任我，一直如此，现在，你理应拥有这一切。我们现在都已年过半百，该坐下来，每天晒晒太阳，含饴弄孙，安享晚年了。”

“我热爱这里的一切。”安格尔说，“这个职位不完全与绘画相关，甚至会占用我作画的时间，可是，它为我的生涯添上了光辉的一笔！”

“我们由衷敬爱这位院长，他将学院变得正规而富有人情味。”学生们说，“过去，我们只认为他是一个有名的画家，虽然目睹他艺术造诣的过人之处，对于他的专制、固执和高傲，多少不以为然。但是出乎意料地，这位专制、固执和高傲的院长大人挺身而出，热心地为我们的福利跑前跑后，为宣扬我们的成就而终日忙碌。我们都被感动了！”

“这是一个让我爱不释手的职位。”安格尔说，“他们让我全面负责修复宫廷和花园的工作，为此我要抽出大量的绘画时间。但那又如何？我愿意为这些真诚的人们服务！”

从此，他在闲暇时间里做些不曾做过的事情。住在美第奇庄园的画家接下了发掘文物的工作，他踌躇满志，打算干一番大事业。他不客气地评价道：“罗马不再是罗马了！他们放任自己瑰丽的财宝被肆意践踏。看看风化的古迹、褪色的壁画，真是不堪入目！”仿佛他热爱的罗马要由他自己亲手来拯救。

教皇里奥七世对他恩遇有加，他于是忍不住对罗马的一切指手画脚，用讥诮的语气，指责罗马将卡辟托林山冈神殿内的维纳斯像藏到了圣弥塞尔，或者任大葡萄叶子把雕像遮盖起来，而圣保罗教堂更是按瓦拉第埃的方案来修饰！不过，他仍然盛赞：“人们的脸是美的！古典美术作品如此宏伟，天空、大地和教堂旖旎多姿。”当然，凌驾于一切之上的是他敬爱的拉斐尔！

“尊敬的安格尔先生，我们诚心地请求您接手圣玛格达琳教堂的壁画装饰工作。”他不假思索地推辞了法国一位部长梯也尔·阿道尔夫的邀请。“不，”安格尔思索，“我在罗马生活得很好，除非又遭到什么非议。好不容易，

弗朗茨·李斯特

我才克制了那种一直刺痛自己的愤世嫉俗。何况这里庞大的工作必须由我来完成。”于是他提笔写道：“尽管我高度评价这份工作，您也给予我充分的抉择自由，但是我已经没有任何在当代社会舞台上露面的念头，我从请求前往罗马时便与它一刀两断了。”

“尊敬的画家，您也看到，这项工作除了您，几乎无人可以胜任。”部长在信中苦恼地写道。

“我只屈从于自己的意志。”安格尔畅快淋漓地回复道。他思索着：“这项工作的确诱人，而且顺我所好。”不过呢，唉，他仍然回复道，“不！”

“唉，”他对朋友道，“虽然我也能做到像任何人一样，在短期内完整地完成任务。一旦承担一项绘画工作，我会千方百计争取成功。但是我对前途和光荣地位都已经无动于衷了。我这个倒霉的人，神经质到了极点，总是容易被恶俗不堪的事物激怒。现在，我累倒了——我的家庭是我唯一的幸福，它能缓和我的郁郁寡欢与愤懑。”

李斯特：匈牙利作曲家、钢琴家、指挥家，浪漫主义早期最杰出代表之一。他将钢琴演奏技巧发展到了无与伦比的程度，使钢琴拥有管弦乐的音响效果，极大地丰富了钢琴的表现力。

他只为知心朋友画一些肖像作为留念，如匈牙利作曲家弗朗茨·李斯特。

“安格尔先生，”来拜访的客人说，“您已经在整个上流社会赫赫有名了，但是我们难得在社交场合看到您。我们以为您深居简出，正在构思一幅宏伟巨作。”

“是的！”安格尔兴致勃勃地说，他正在小心翼翼地用厚纸板糊一只小四轮车，坐在他身边的稚童咯咯地笑着，“现在，除非职责所在，我尽量不参与各种应酬。我也下了决心，不再为公众画任何东西。有人建议我为凡尔赛画画，我干脆利落地说：‘不。’”他把糊好的小车递给小童，“现在，我们可以开动喽！”小孩子把小车放到地上，手舞足蹈。安格尔抚掌大笑。

“我有了全新的兴趣！您可以欣赏一下我的杰作，喏，就是这个花园。”他心满意足地带着客人参观，“既然我如此热爱自然，为什么不尝试一下园艺呢？我是这么想的。现在，我学会给果树接枝。”他的表情像一个骄傲的小学生，“这里的一切是我亲手种植的成果！亲爱的，我听到

凡尔赛：法国伊夫林省省会城市，曾为法兰西王朝行政中心，距巴黎15公里，是一座艺术城市。坐落其中的凡尔赛宫是法兰西的艺术明珠。

小猫咪在呼唤我，它饿了，我得给它置一些猫粮。”客人目瞪口呆地看着这个头发花白的画家温和地与一只黄白黑三色的小猫叽叽咕咕地对话。

“宙斯也会嫉妒我的生活！”老人快活地说。

1837 年 2 月，他患上了严重的肺炎。痊愈不久，意大利境内又流行起严重的霍乱，但是他依然坚守着自己的职位。“虽然别人说，我现在有回国的正当理由了，但是我不愿意提前离开！即使逃出罗马，我也不要回巴黎！”

不过，夜深人静时，他会默默地打开笔记本，写下自己的思绪：“罗马完全吸引住了我，只是，每当思念起过去的朋友，我便开始憎恨这种流亡，无论它多么美妙。不能与故交欢聚一堂，人生就好像处于半死状态。”

情绪化的老人

“谁能说我是一个对教育不够热心的人？”安格尔激动地分辨道，“我热爱我的学生们，他们也尊敬我，这是有目共睹的!”

“喔,”一个学生挠挠头，说，“他总是在课堂上讲自己崇拜的拉斐尔，讲古希腊罗马艺术，讲老师大卫，讲古典主义和学院派绘画，一连串讲下来，就讲到自己的作品和生平。每当这时，他的语调就会慢慢激动起来，开始慷慨激昂地陈述，自己身为古典主义的忠实捍卫者，不仅得不到古典主义阵营的承认，还要被学院派排挤，被巴黎沙龙冷落，甚至还要被德拉克洛瓦这样的浪漫派讥讽。仿佛正在当面与论敌唇枪舌剑，他突然就开口大骂！他总是不知不觉地滑到那些话题中，每节课必定如此——我们只能眼睁睁地看着他大发雷霆。他会在讲课中声泪俱下，痛哭流涕，怎么劝都没用。看着这个头发花白的老人一把鼻涕一把泪，像受了天大冤屈无处伸张，谁也不好受啊!”

“孩子们，关于这些画家阵营之间论战的劳什子，我想说的都说完了。”平静下来的老人像一只泄了气的气球，疲惫不堪。他以忧郁的眼光注视着台下不知所措的孩子们。

“唉，我多么渴望安心作画!”他环视着年轻人的脸庞，叹息道，“绘画的乐趣，就像淡金色的温暖阳光充满我的生活。批评却使我发疯！自一个画家日臻成熟、独当一面起，他就不得不承受种种非难。每个杰出的人都必须

《安格尔自画像》

经受这般磨砺。希望你们拥有坚定的信念。”老人最后长长地叹息了一声，仿佛所有的力量都离他而去，踉踉跄跄地走出了画室。

他的堂姐，保尔·廖克鲁娅夫人道：“他是个很好的交谈者，可是性情急躁；他爱记仇，50 年来别人针对他最轻微的坏话，他都记得一清二楚，并且在仇人遭遇不幸时洋洋得意！”在最使他不得安宁的人——德侬下葬的一天，他亲自去了墓地，向坟墓投去最后一瞥。“很好！他终于留在了这里！”坐在德侬在学院的安乐椅上，他承认自己莫可名状地愉快。然而讲这话时，他仍然带着特有的温和表情。

“他总是以带有倦意、若有所思而郁闷的天才语调与人交谈，接连地向人提问，为的是让对方发窘；说话像女巫一样含混，却总在搜索别人含意不清之处；时而比画手势，时而悲伤地垂头叹息。他争论起来像一个羸弱的女子，固执地坚持自己的错误。如果遭到反对，他会嘴唇一噘，跺脚发狂，最后扮演一个牺牲者的角色！”曾与他交谈的人说。

而面对厨娘与看门人时，他则表现出宽容的亲昵。

“安格尔先生，我们不得不说，身居要职，如您这般固执之人，真是难得一见。”几位院士尽量心平气和地说，但有人已经略略地皱了皱眉。

“每隔一两周，就生出一茬事。说真的，安格尔先生，罗马美术学院对您已极为优待。已至知天命之年，您何不安心在家享天伦之乐，或用争执的时间认真创作呢?”

“我不是为自己来的——我的问题还没解决呢！对，我比你们这些道貌岸然的人都聒噪，正好给你们把柄，我成了‘固执己见’、‘好制造争端’的人，你们更得理直气壮地拒我于门外。他们受到了不公正的对待，你们一个个推诿责任，我不能袖手不管，我要讨个说法!”

“年轻人嘛，总需要足够时间来磨炼，不然只会成为欠火候的次品。您也不愿如此吧，安格尔院长。他们应当多些耐心，稍等一等，到他们羽翼丰满之时，自然会获得报偿。”

“不对!”安格尔气呼呼地说，“年轻人怀着对艺术的真诚信仰，来到这里学习，堂堂法兰西美术学院却使出这种下作手段！哦，不会是因为，他从你们的画室转到了我门下……哦，哦!”老人因为激动，上气不接下气，他不得不停下来。

“缓一缓吧，安格尔先生，喝几口水，回家睡上一觉。”其中一个人不屑地说，“明天您就会发现，一切只是杞人忧天而已。要是我们这些老头几句话就能摧毁一个宝贵人才的艺术信仰，未免自视过高了。学生如果没有坚定的信念，为什么来罗马，学什么绘画?”众人大笑离去，把安格尔一个人扔在空荡荡的屋子里。安格尔脸上红一阵白一阵。

再一天。“唉，安格尔先生，我们以为经过苦口婆心的劝说，您已经大彻大悟了呢。”几个人对望一眼，交流了一下眼神，讥诮的微笑仿佛在说他“冥顽不灵”。

“大彻大悟?”安格尔浑身颤抖，“我必须要迫使你们这些蛮不讲理的人认错，并且改正！否则我也不要待在这里了，这些恶劣的行径，眼不见为净!”他用哆嗦的手从怀里掏出来一张纸，啪地扔到桌上。

“安格尔先生，为了鸡毛蒜皮的事情值得大做文章?辞呈?”阅读者推了推眼镜，以确定自己没有看错。

“没错！这就是一个艺术家的立场！在任何事情上我都绝不动摇!”身体哆嗦着的安格尔已经讲不出话来了，他拂袖而去，留下一堆人面面相觑。

“这是怎么回事?”他的妻子十分惊讶。

“发生了这么烦心的事情，我谁也不想见!”安格尔把压到鼻梁的帽子推上去，露出他红通通的双眼，“一路就这么回来的!”

“亲爱的，我知道你好言相劝，希望我摆脱烦恼，”安格尔悲观地说，“可是侨居六年，除了悲观失望，什么也没得到。我没法像泥塑木雕一般，我如此敏感！”

安格尔的妻子用手绞着围裙，忐忑地说，“有几位来访者在客厅里，他们表示今天非见到你不可。”

安格尔抱着在他膝盖上呼噜呼噜打鼾的毛茸茸的猫咪。“是那些倨傲的院士么？告诉他们，如果不能答应我的要求，一切免谈。”

“不是……是几个挺谈得来的朋友。”

“安格尔先生，”那几位谦和的同行说道，“您这是何苦呢！您如果决意离开，将是法兰西美术学院的一大损失，而且，我们也不愿意失去您这位知己。不管发生过什么不痛快的事情，看在艺术与拉斐尔的份上，把它们抛在脑后吧！我们一定支持您！”

“喔，谢谢你们这些朋友，愿意听我这个老朽之人讲几句。”安格尔声音沙哑而充满激愤，“我喜欢罗马，但是现在，她已经不再是那个乐善好施的罗马了！凡事都得央求，逆来顺受！你们与学生们支持我，多少给我几分慰藉。学院有诸多不足之处，我想做一个称职的院长，担起责任来，却无处申诉！

“我已经远在罗马，巴黎画坛还在毫不留情地攻击我！这些无孔不入的小人，他们随时在寻找机会，想要撕碎我，夺走我的画笔，在这其中，竟然还有我的一些朋友……是的，一些留学罗马的学生受我的画风影响，但是这算什么？哪个院长不会把自己的理念多多少少作用于学生呢？那些糟糕的骗子偏偏摆出道貌岸然的面孔，妄图利用有害的教条控制整个画坛！身为一个真诚的画家，横遭此侮辱，我的创伤仅仅靠安慰的话语是医治不了的。”

“让庸夫俗子弹冠相庆吧！”老人毫不妥协地说，“我在这里很不幸运，不过作为院长，我会站好这一班岗！我会继续留下来，留在罗马，度过余下漫长的两年。”

理想主义之美

“人生就是不停地起起伏伏。”安格尔凄凉地说，“离开巴黎的时候，有人大概以为我要与巴黎诀别了。我一直忧心忡忡，担心这一切成为现实，担心自己再也不能回到美丽可爱的故乡。这种日子像没有尽头一般难熬。我不得不掰着手指计算与朋友重修旧好的日子。”

“亲爱的朋友，我一直深深地了解你的心愿，现在我特地写信告诉你这个天大的喜讯，你在罗马绘制的几幅新作，不仅让你在意大利获得了无上的尊崇，在巴黎，你的声誉也流传开来了。任何时候，你都可以返回故土，不用担心曾经遭遇的任何不快。”

“这次前所未有的成功让我感到惊讶！”安格尔快活地说。

在罗马，安格尔先后接到了几幅订件，包括一些具有东方情调的作品，以及严肃的历史题材画。这些作品为他赢得了巨大的赞誉，同时也重新奠定了他在巴黎画坛的地位。

“这几幅小作品，《宫女与女奴》、《安条克与斯特拉托尼丝》，我是以极大的耐心完成的，几乎算是小题大做。”安格尔矜持地说，“完全是出于一名画家的自重。想想吧，它们也许会耗掉我的一生，直至我死去，如果我会感到满足，我首先会想到的一定是它们。我绝不仓促而就，滥竽充数对我而言就是一件蠢事。”

《宫女和女奴》

“不得不说，那些家伙对东方风情的题材有着异乎寻常的兴趣。”沙龙里人头涌动，一位观众耸耸肩膀道，“一个艺术家，若是碰巧迎合了上流社会的口味，好运就会降临到他身上。达官贵人们的猎奇心理值得好好研究一番，那可是巴黎画坛的风向标。”

安格尔的《宫女和女奴》正在展出。这一题材他先后画了两次。一幅的背景是封闭的，另一幅则以开放的伊斯兰花园为远景。

为了完美地表达这一东方情调，他下了十足的工夫去研究画中的每一个细节。安格尔一直醉心于东方的艺术，这一异国情调的作品在他心中酝酿已久。

“确实如此，安格尔先生一向在女性裸体画中投入极大热情，在这幅作品中，他表现得异常出色。”著名的油画鉴赏家里卡尔说，“看到如此高明的色彩运用，我一度感到迷惑，为什么有人会武断地将他剔除出色彩画家行列？鄙人自以为对威尼斯画派颇有了解，说实在的，你们在这一画派见过更高明的作品？”

“当安格尔先生的脑海里勾画出一幅优美的构图，他本人也深深为之吸引的时候，甚至会把过去奉为圭臬的所谓‘艺术理念’抛到一边！”有人揶揄道，“虽然他自己没有发觉，但是在绘画的时候，他的一只脚已经不知不觉地踏进浪漫主义的门槛了。要是他能对此有所发觉，一定会比现在更受欢迎的！”

以上评论表明，画家对于色彩的轻视，完全是虚荣心在作祟。

画中描绘了安格尔想象中土耳其宫廷女性的生活。一个年轻的宫女躺在地上，神情慵懒而闲适。枕在脑后的双臂、转向一侧的腰部，突出女子身体的柔软，使整个身体的线条优雅地呈现在画面中，如舒缓的旋律一般优美而流畅。宫女的皮肤洁白而明润，而在围绕她的画面中，女奴的衣着、室内的装饰和远处的风景，色彩均鲜明而柔和，形成赏心悦目的对比。女奴衣饰华丽而繁复，手持乐器弹唱，神情仿佛沉入遐想。远处的风景是安格尔一向偏爱的宁静祥和的风格，翠绿而葱茏的树丛掩映在水平如镜的小河两侧，水面浮着逡巡游弋的水鸟。小河尽头矗立着华丽的建筑，树丛则继续往远处延伸，增加了画面的纵深感。

威尼斯画派：16 世纪以威尼斯画家提香和乔尔乔内为代表的画派，吸收了文艺复兴鼎盛时期的绘画精华，在色彩上大胆创新，更为生动明快，背景中的风景画比例更大。

《安条克与斯特拉托尼丝》

1840 年展出的《安条克与斯特拉托尼丝》，是奥尔良公爵向安格尔定做的作品。古代叙利亚国王安条克爱上了他的继母斯特拉托尼丝，一病不起。国王躺在床上，深埋在枕头中的侧脸和支起的手肘表明他为疾病所困，痛苦不堪。皇后伏于床前痛哭。一个御医站在床侧，他一手握着病人的手，转头看到了前来探病的斯特拉托尼丝，根据病人的反应，他猜出了病因所在，不由得猛然抬起手，流露出无以名状的惊讶。画面一侧的斯特拉托尼丝亭亭玉立，身材婀娜，一手支着下颌，侧着头，似有所思。她欲言还休、羞涩矜持的神情，显露年轻女子为爱情所困扰、碍于身份不得不深藏心底，同时又为情人健康担忧的焦虑。一身洁白的长裙，象征了她的纯洁。外在形象的优雅和平静，与妙龄女子内心情感的激烈冲突，使得这一形象更具艺术的诗意与感染力。安格尔将这一真挚爱情的象征刻画得淋漓尽致。而且，画家在细节上着了大量的笔墨，对历史的忠实和严谨、表现力的真实以及尽善尽美的程度，都无可挑剔。

“我几乎是跪倒在画纸面前来绘制它的。”安格尔叹息道，“它总是让我感到不满意！它占据着我注意力的中心，整整五年之久！”他抚摸着华丽的希腊式画框，“我为它专门定制了这只框子。这位斯特拉托尼丝，我反复地修改和绘画她的形象，她达到了我所有对于美的标准。我把我的全部心血献给她，现在，我终于放下了一颗悬着的心。”

即便这些作品也不免招来论敌尖刻的言论。“将古典美的规范与每小时五法郎雇来的村姑相结合，意味着怪物的产生；写生一半有生气而鄙俗不堪，另一半暗淡无光。这位拘泥细节的人，他对美的偏爱都来自意大利细密画、时髦题头装饰和蜡制小玩意；他从不放过模特儿皮肤上的所有粉刺，而他在磨制宝石方面完全可以和珠宝匠的手艺竞赛。荷尔拜因画中最细小的细节都栩栩如生，而安格尔先生的全部‘点缀物’破坏了他肖像的性格。他的所有人物生硬而不自然，装饰则华丽而毫无趣味。他的一切古物都能在精装插图本中找到，与天才毫不相干。”批评者道。

刚完成这幅画，画家便染上了疟疾。他免不了再叽里咕噜地抱怨一番。但是罗马带给他“无法忍受的一切”终将结束了，他很快将离任，在此之前，他还要完成三幅油画。

细密画：一种精细的小型绘画。主要作为书籍插图、封面或扉页、徽章、镜框、盒子和首饰等小型物件上的装饰图案，题材多为肖像或风景，以矿物、珍珠甚至蓝宝石磨粉作颜料。

荷尔拜因：文艺复兴时期德国著名画家，擅长版画和油画。

“即便再返回巴黎，我决心只过一种与世隔绝的生活。除了音乐、自己的内心和寥寥无几的知己，我什么也不信任！”

第7章：画坛权威——晚年安格尔

“他笑到了最后”——安格尔的胜利

这是1841年。每个到画家家中造访的客人，总是略惊奇于这位志得意满的老人脸上绽放出的一层光彩，那是被严霜覆盖了一冬的大地，在初春回暖的和风吹拂下，萌芽破土而出的鲜嫩色彩，是河水冲破冰层潺潺流动的悦耳音符。

登门拜访的客人们连声祝贺，安格尔则神定气闲地听着那些赞美。他矜持地摆摆手，说：“喔，我并不是一个目空一切的狂妄之徒，我只想说，大概我比别人更坚定一些，一直矢志不渝地走在同一条道路上。如果有人要向我打听成功的秘诀，我首先要呈上这一条忠告。上帝总是给勤奋的人更多奖励。”

客人们则恭敬地称赞道：“您所获得的这一切都是实至名归！”

一送走客人，他便忍不住哈哈大笑，整个屋子都随着这狂喜的声浪而颤抖起来。他像一阵旋风一般冲进书房，开始提笔，给好友日别里尔写信。

“我一直较旁人十倍坚毅和隐忍！但是，这艰难的苦修，不是为了有朝一日的复仇么？在大师面前我始终是一个谦卑的孩子，但是我也毫不讳忌地承认，谁不愿看到这样痛快的时刻？我要放声歌颂！哦，那些可笑的嫉贤妒能者！他们将瑟缩在阴暗的角落里发抖！如果还有一丝良知，他们应当跪在圣坛前，为曾经的十恶不赦而忏悔！最最能干的人心悦诚服地赞美我：‘您已经独占鳌头了！’我是要引以为荣的！”

他出门的时候故意昂首环视一番，再把帽子拉到鼻梁上，偕妻子跨上一辆四轮马车。

“难道还有院士们和你吵架么！”妻子嗔怪地说，“瞧你那副不愿意见天日的怪样子！”

“亲爱的!”安格尔故作高深地说，“我现在是法兰西钦定的贵族了，出门要尽可能低调一点，嘘——”

然后他一把将帽檐推到后脑勺，开始咯咯地低声笑起来：“那些与我一个劲作对的家伙们，我真想看看他们现在的神情，那可真是难以形容——我想象不出，他们将会多么恼羞成怒，而我则快意无比——不，我压根不想再见到他们！走吧，很快，我们将要回到祖国法兰西去!”

安格尔在罗马法兰西美术学院交接最后一些事项。

“院长——哦，前院长，尊敬的安格尔先生。”施涅茨·让·维克多有条不紊地整理着一大堆文件资料，“您亲自指定让我做您的继任者，我真是受宠若惊。”他的嘴角浮现出一丝若有若无的微妙笑意，“我一定不辜负您的重托。”

安格尔颔首，表示他很满意。他微微眯起眼睛，看着施涅茨身后垂手站立的一列院士们，欣赏着他们的表情。他曾经教育学生：“要眯起眼睛去观察模特儿。”

“安格尔先生，您将离开我们了，真是……难舍难分啊!”一个院士用细细的嗓音说，他揉搓着手里的帽子，眼睛骨碌碌地转着。其他院士们的神色则“五花八门”、各不相同。

“我很珍惜共处的这段时光！罗马法兰西美术学院留给我一段了不起的经历。我会牢记在心！”安格尔说完，挥挥手，转身离开。一众人目送着他的背影。

“真是一个难以形容的老头！”等他走远，其中一位院士终于开口道。

“瞧他现在昂首阔步的样子！”另一个人说，“可是我总是忘不了他像袋鼠一样一跨数级地跳下楼梯，或者头比身体先伸进马车，最后把肩膀撞在车门上时发出的巨响！”

人群中响起稀稀落落的笑声。院士们都在各自沉思着。

安格尔走过熟悉的大厅和长廊，过去的一切历历在目。“六年间我一直陶醉于自己院长身份的幸福，可是总有人喜欢否定我做出的成绩，或是嫉妒！”他低声地自语，摇摇头，然后快步离开。

法兰西学院的门口，他的朋友和学生整齐地列队欢送这位老院长。安格尔似乎不知所措，他简短地讲了一些礼节性的话，却久久地、依依不舍地和这些可爱的人们拥抱道别。

“真是令人百感交集啊！”在返回法兰西的路途中，安格尔张望着周遭越来越熟悉的景色，不由自主地感叹道，“我终于回来了，大概再也不会离开了！”

然后他回过头，努力地探寻着视野中越来越遥远的罗马。他的眼睛里竟然饱含着泪水。

“只有离别的时候，人才会感到无限惋惜！”他凄然说道，“天呀，我要和拉斐尔告别了！谁知道我何时能重返梵蒂冈?”他泪流满面，哭得如同一个小孩子。“我把这些公费留学的学生丢下了，天知道我有多么不安。”

巴黎，蒙德凯斯大街，大厅内，灯火辉煌。华丽的枝形烛台上，上千支蜡烛燃烧着，晶莹剔透的蜡油一刻不停地潺潺淌下。交相辉映的烛火把整个大厅映照得如同白昼。这里在举行一场空前盛大的欢迎仪式，欢迎从罗马归来的杰出艺术家安格尔先生。

巴黎画坛的名流们齐聚一堂。仪式尚未开始，他们在焦急不安的寂静中等待着。

“你说，对于这么一位了不起的大人物而言，这排场算是与他的身份和名誉相称吧?”

“我觉得我们已经很够意思啦。”另一个人说，用不耐烦的语气掩饰心中的忐忑。

“他可不是一个脾气好的人——我是这么听说的。而且，对于不愉快的事情，他似乎记性很好。”

“我们已经尽心尽力了。该怎么样，就怎么样。啊，他来了——”

所有人都站起来，欢迎这位远游归来的艺术家。

从罗马归来的艺术家健步走进欢迎的人群。他已经上了年纪，但仍然精神饱满，体格健壮。这个皮肤微黑而发黄的老人，依然有着一双灵活的黑眼睛。在过去，这对眼睛里投射出的一种警戒的、怒气冲冲的目光，似乎在随时防备冲上来高声指责他的人。现在，看着眼前这盛大的场面，这一群恭恭敬敬迎接他的人群，那犀利的目光变得柔和了一些。

“出乎我意料，这位著名的画家看上去呆头呆脑……”

“闭嘴!”一群人在头领的率领下快步迎向前去。

“安格尔先生，”迎接他的巴黎画坛名流满怀愧疚地说，“过去，我们由于自己鄙陋的眼光，使您蒙受了不应有的委屈。现在，我们万分幸运地迎来了您的回归，我们以在场所有人的名誉保证，一定不会再让类似的事情发生。我们是知错就改的!”

“没关系。过去的就让它过去吧。”安格尔端着高脚杯，矜持地点头，表示出自己的大度和不以为意。

宴会结束回家的路上，他对妻子说：“国王已经传达了对我的重视，下周，他将亲自接见我。让那些别有用心、有求于我的人见鬼去吧！”

然后他开始仰头大笑：“除了艺术，我不会受丝毫诱惑！那些蓄意的奉承作为一服良药也不错。我还是有自知之明的，感谢上帝！我懂得怎样做一个人。”

金碧辉煌的凡尔赛宫内，国王路易·菲利普走下高高的宝座，与安格尔庄重地握手。

“法兰西绝不应当让她宝贵的艺术家流落在外。”国王说，“从此以后，法国王室将为您提供一切保障，让我们宝贵的画家创作出最伟大的作品。乐队，演奏起来吧！”他继续说，“我们专门请来这位了不起的法兰西音乐家——柏辽兹，只有他在音乐上的造诣，才配得上您在绘画领域的天才！”

热泪充盈了安格尔的眼眶，他仰视着高高的宫殿穹顶，仿佛许多年前仰望着高高的教堂天顶，凝视着拉斐尔美妙绝伦的绘画。那时候，他作了一个重大的决定，从此在艺术的道路上艰辛地跋涉，数十年如一日地耕耘，直至今日功成名就。

台上，站着那位和他一样饱尝艰辛的音乐家。演奏者

柏辽兹：法国著名作曲家，法国浪漫乐派主要代表人物。

柏辽兹

们奏起庄严的旋律。安格尔恍惚听见父亲为年幼的自己演奏的一支曲子，它们在他脑中萦绕回荡，飘向高高的天庭，圣母和圣子以无限仁慈的目光注视着他，像《路易十三的宣誓》中画过的一样。

他的思绪飘离了此时此刻。他饱经沧桑的心好像被一只柔软的手轻轻地剥去了表面的硬茧，一种深沉的喜悦充盈着他的心房，他仿佛亲自站在天庭的门外，倾听着无上悲悯的圣乐。

“我曾经年复一年地叩击着这扇大门，现在，主终于听到了我的呼唤。”年老的艺术家感慨道，“过去的一切，都消逝吧！曾经尖刻地刺伤我的人，我从心里宽宥你们。我要追随仁慈的主，以悲悯之心对待一切！”

备受学生爱戴的老师

“喔，61 岁高龄，你倒真正成为炙手可热的名人了。在画室里待那么晚。”妻子接过他的外套，略带嗔怪地说。

天气寒冷，空中飘着一片片雪花，但是安格尔却满脸红润。“我是一个老当益壮的绘画教师！自从得到巴黎画坛正式认可，诸多追随者便聚到我门下。你真应该看看学生们众星捧月般围着我的样子！另外，我接到的订件越来越多了，奥尔良家族的费尔迪南皇太子请我为他作像，为我带来源源不断的雇主。这些任务如此合我心意，以至于没法拒绝，工作时间不得不延长。亲爱的，你不会介意吧?”

“开个玩笑，你还当真啦。我当然为你感到高兴。”妻子微笑道。

老人把他略显臃肿的身躯搁进沙发，长长地伸了个懒腰，然后便不肯起身了：“过去六年的自由，都被破坏啦!”他仰头望着妻子，“我重新获得了‘做人’的地位，于是被推到注意力的中心。我倒宁愿抛弃一切，在蒙托邦或者意大利过宁静的生活，自由呼吸，被人遗忘！在这里，我仍然生活在苦难中，还要带累周围的人。”安格尔满怀怜爱地说。他以画家的锐利眼光，看到了妻子脸上多出的一条条细细的皱纹——自己赢得了巨大的声誉，却无法将这些时光的蚀刻抚平。

“无论如何，过去的日子里，我们携手共度，我一直无比幸福。”妻子怜爱地握着他粗糙的手，“亲爱的，安心从事你挚爱的事业吧。我支持你的一切决定。”

“是啊……”安格尔喃喃地说，陷入了回忆中，“我的作品，我的孩子们……它们经我之手呈现于世，耗费了我不知多少心血，使我饱尝辛酸。可是，时隔许久，回顾这些作品，我感到非常满意。无论经历了多少坎坷，我只觉得无上幸福。”

“所以，高高兴兴迎接每一天吧！不要再对过去耿耿于怀了！”妻子劝说道。

“那当然！我相信，一切已经大大地不同了！再没有人公然顶撞我的意见，相反，我倒时常听到许多恭维话。他们都认为我的想法妙极了。这一切赞美，已经统统战胜了我曾经的复仇心理。未来的道路会一帆风顺的！”安格尔挺起胸膛，整了整他那件笔挺的贵族服装。

第二天他就满怀信心地去皇家美术学院了。

可是，还没到下午，妻子就听到前门重重地撞在墙上，发出“砰”的一声巨响。她连忙下楼，看看发生了什么事。正好大腹便便的画家冲进门来。她急切地问：“怎么一回事？”

画家面红耳赤，额头上青筋一条条凸起。他挥动着双手，由于太激动，一句话也讲不出。

安格尔漫画像

“啊，还下着雪呢！”妻子着急地说，“你这是怎么了？你的帽子？你的手杖？都被忘在美术学院了？这个年纪了，不知道爱惜自己。你是怎么跑回家来的？”

安格尔继续张着嘴，却依然讲不出一句话。他索性跪在妻子面前，号啕大哭。

“喔，你这个长不大的大孩子！”妻子温柔地擦着他头上融化的雪水，它们和汗水混在一起，“昨天说一切都好，今天又和那帮人吵架啦？”

安格尔终于带着哭腔嚷了出来：“阳奉阴违的家伙！嘴上跟抹了蜜似的！可是等到投票的时候，他们就有法子联合对付我了！他们现在一定正暗笑自己的计划得逞呢！”

“唉，静一静啦。都回家了，好好休息吧。那些坏透了的伎俩，不理便是，你以后只需和国王、部长打交道，和真正器重你的人来往。你也不用每天写辞职书，别被他们折腾。不懂得尊重老人的家伙，主一定会惩罚他们的。你就只顾做你的院士，不要再到院里去了。”

老人继续像孩子一般抽抽搭搭地道：“你不知道他们用多么可鄙的法子来让我丢脸。看看那些阳奉阴违的人们——看看他们是怎么变着法子挖苦我的！他们先用吹牛拍马的手段把我捧到天上，让我像傻瓜一样扬扬得意，以为胜券在握。可是，打开投票箱计数时，里面只有一个白球，就是我自己投进去的那个！你不知道我多么想找个地缝钻进去！”

“唉，”妻子继续劝慰道，“真正赏识你的人总会支持你的！那些坏心眼的家伙，我们不屑与他们为伍！”

“是啊。”安格尔抹一抹自己的大花脸，说道，“至少学生们真心诚意地站在我这一边！”他扶着额头，连连叹息道：“随着年龄的增长，我越来越敏感了！我该克制自己，不要因为激动而作出轻率的决定。我老了！”

1850 年至 1851 年，安格尔受命担任波拿巴大街美术学校校长。

“孩子们，我的使命，是教你们如何以古希腊大师和拉斐尔的眼光去观察对象！”

他站在大厅里高高的讲台上，台下，满满地挤着仰望的面孔，那都是他的学生和专程赶来的仰慕者。

安格尔喜气洋洋地说：“很高兴，我的艺术理念有如此多的拥趸者！艺术是永恒的，这是我坚定的信念，却屡屡被一些自称画家的人嘲讽。现在，各位优秀的、立志投身艺术的孩子们，你们将走上永恒之美的传承道路。我的毕生所学将尽情教授与你们。”

大厅内只听得他一个人在纵情地、滔滔地演说，台下的人满怀着尊敬，一声不响、聚精会神地倾听着。

“哦，”安格尔望望挂在墙上的大钟，“不知不觉地，一节课的时间已经过去了！”他意犹未尽，留恋不舍地向听众们挥手道别，“但是不久的将来，我们会在此重逢，共享艺术的盛宴！”

听众们如梦初醒，他们坐在台下不肯离去，仿佛如此安格尔便会停下来多讲一会儿。他们惋惜地看着画家的背影从教室门口消失。

“我们的老师，只能和一个人相提并论，那就是拿破仑！”一个学生满怀着真诚的仰慕之情道，“在他的神情与动作中，有着与拿破仑相似的气质。他是平凡的，却又是伟大的！我们曾经目睹他虚心听从女仆的意见，反复地修改保护凯鲁比尼的文艺女神的右手。”

年轻的、未来的大师德加激动又得意地对同伴们说：“你们知道么？刚才我小心翼翼地跟随在老师的身后，与他一起上楼。他突然滑了一跤，我赶紧扶住他，于是，哦，

德加：法国印象派著名画家。在素描、版画、布面油彩和雕塑多个领域成绩斐然。

德加

哦，我把这位了不起的艺术家抱在怀里了!”他脸上洋溢着巨大的幸福。

几个不同画派的学生懒洋洋地倚在走廊的墙壁上。

“我们忍不住要讲两句。”其中一个人说，“把你们的目光稍稍从那位‘了不起的艺术家’身上移开，看看外面广阔的天地吧，看看真正精彩、富有生命力的艺术创造!安格尔先生不过借着他在艺术界的地位，施行实质上的艺术独裁罢了！看他多么不遗余力、毫不留情地否定浪漫画派的成就!”

安格尔的一些学生面红耳赤地试图争辩。一个人阻止了争论，他平静地说：

“我们敬佩安格尔老师，不仅仅因为他在艺术上的造诣。对于一位老人，思想上的偏颇也情有可原。更重要的是，我们钦佩他的勇气和毅力。在过去名家林立的环境里，他不顾嘲笑，不顾贫困，第一个迈上了自己选定的道路，历经坎坷，依然保持着一颗对艺术纯真的心，他是我们真心敬重的榜样。”

晚年的不朽之作

安格尔虽年事已高，依然没有失去创造活力。1845年，他创作了《奥松维里伯爵夫人》。在这幅作品中，他没有像传统的做法那样，刻意描绘贵族夫人庄严高贵的形象。相反，他把她刻画得如邻家少女一般率真可爱，毫无矫揉造作之态。画中的伯爵夫人娇俏地歪着头，面带淡淡的微笑，眼神若有所思，似乎沉浸在美好的憧憬与遐想中；左手的手指支着下巴，像小女孩一般天真无邪。她转头侧视的神态显得优雅而意蕴无穷，而娴静的面容、端庄的姿态，又体现出了她身为上流阶层的气质和修养。安格尔安排她站在一面高大的梳妆镜前，将她的背影呈现在镜中，让整幅画的层次变得丰富起来，也使构图更加别出心裁。而且，大师故意使镜子反射出了一幅失真的影像。从正常的透视角度，伯爵夫人的右肩和左手本不应从镜中看到；

《奥松维里伯爵夫人》

镜前，一朵黄色郁金香含苞欲放，在镜中映出的却是一朵白色、盛开的郁金香。安格尔用他的作品再次向世人宣布自己的艺术理念：画家用眼睛看到、用心感受到的，才是真正的自然之美，与现实偏离、与世俗针锋相对也在所不惜。

“整个巴黎都想教我如何画画！我像一块躺在铁砧上任人捶打的烙铁，这真可以把人逼疯。”他仍然不得不忍受一些不快。他于 1845 年完成的《柯辛维里夫人像》，整整花费了四年时间，在展览会上却只出现了四天。“我在家里最饱满的精力都贡献给了它！不幸的作品，它使我饱受折磨。”

自从使他名声大噪的《贝尔坦肖像》公之于世，社会各界的订件便纷至沓来，以至于他抱怨道：“全社会都想要得到我的肖像画！我不是为此回巴黎的，我应当去装饰皮埃尔城堡和巴黎议事厅！”1851 年，他完成了另一幅作品《莫瓦铁雪夫人像》。七年当中，它一直沉重地压着他的生活；而老年的疾病，使他越来越感到力不从心，他已经无法完成原本计划的《艺术之神——阿波罗》的大构图。

“他可丝毫不是那种收取报酬便愿意为人效劳的画家！”波德莱尔说，“貌不惊人的凡夫俗子休想让他记录下

《莫瓦铁雪夫人像》

《泉》

《黄金时代》

自己的长相。他精挑细选，相中的正好是那些最能体现他天赋特色的妇女：身材丰腴、端庄，拥有健康的容貌。这是他的胜利与欢乐!”

在此期间，他在皮埃尔城堡创作壁画《黄金时代》，绘画给了他乐趣，也剥夺了他正常生活的时间，与朋友的相聚变得稀少，甚至在城堡周围散步的机会也寥寥可数。每天上午，他备妥材料，在中午之前出发，然后从下午两点开始不间断地工作到晚上八点。到晚饭时，他已精疲力竭。即便如此，他仍然深深地爱着自己的工作，仿佛一旦失去她，他便会衰弱、苍老、死亡。

1856 年，安格尔创作了他最为人熟知的不朽杰作《泉》。这幅画自 1830 年他逗留于佛罗伦萨期间便已开始构思，在此过程中，他做了大量的准备工作，创作了许多变体画，如《阿纳底奥曼的维纳斯》。

安格尔完成《泉》时，已经 76 岁高龄。画面的背景极为朴素，少女站在泉水边的山崖下，背后是粗粝的、褐色的岩石，头上掩映着树木的枝叶，仿佛置身于幽深的山林和一尘不染的山泉水边；而少女朴素的、没有任何装饰的形象，象征了她与大自然紧紧地融为一体；少女美丽的面容，糅合着羞涩、纯真与懵懂的神情，更将这种自然的

《阿纳底奥曼的维纳斯》

美推到了极致。画家精心设计了她站立的姿势，她的右手环绕过头顶，与左手共同托着一只陶罐，泉水正从罐中一缕缕地流下，仿佛生命与自然之美的源泉。这一托举的动作，使她站立的身体微微屈向一侧，更烘托出少女身形曲线的优美。她紧紧托住水罐的姿势，自然地流露出少女的羞怯，让人感到，虽然画家着力于刻画少女的裸体，将它大胆地展现于众人面前，但是他唯一的绘画宗旨是体现出大自然最纯洁、最不容轻侮的美，这美由于它的纯洁而更加动人。他是真正怀着对美的敬意，拜倒在美的面前来研究美的！

有人评论道："这位了不起的女子！她的美已经超出了所有的女性。她是如此的生动，仿佛只存在于一个梦想中的伊甸园中！她是所有女性美的集合。"

这幅画还躺在画架上时，已经声名远播。有人直接找到了安格尔。

"我的工作还没完成呢！"头发花白的画家略带窘迫地说。但是他掩饰不住内心的喜悦，"承蒙厚爱！但是，到现在为止，总共有五个人想向我购买这幅画……"

"尊敬的安格尔先生，"来者的脸色猛地一沉，仿佛受到了猛烈的刺激，但是他很快恢复了志在必得的神色，"我不知道我的竞争对手们都是些什么人，不过，听您说来，您还没答应他们当中任何一个？”

“一切发生得太突然了……”老人满脸通红地说，“你们几乎是前后脚冲进来的！按我的习惯，一幅画不够满意，我绝不将它出售，所以，我现在的任务是专心工作，无暇思考该把它给谁，于是出现了这个困难的局面……”

“那，再好不过了！”来人猛地一拍大腿，“安格尔先生，您告诉我这几个人出的最高价格，我愿意加上一倍！如果还有人与我竞价，您随时告诉我，不必含糊！我不会放弃这场角逐，钱不是问题。如果您还有不满意，尽管开口便是！”

“我倒不在意价钱……”安格尔为难地说，“但是现在我脑子里只有绘画……你们一个个猛扑过来，把我吓了一大跳。我简直糊涂了，不知道如何是好！公平起见，你们干脆抓阄得了！这是最省心的法子！”

来人发出一声哀嚎：“安格尔先生，我不介意破费，但是如果您要让我用五分之一的机会冒险，我可是万万不甘心啊！”

安格尔好说歹说，总算把这位狂热的顾客暂时请出了画室。

最终，迪麦泰尔伯爵心满意足、视若瑰宝地捧走了这幅画，它被小心翼翼地供奉在他的私人收藏室内。他去世后，这幅画依照他的遗嘱，被捐赠给巴黎卢浮宫。

1863 年，安格尔完成了浴女题材的集大成之作《土耳其浴室》。

画中共有 20 名女子。其中，背向观者弹琴的浴女是《瓦尔品松浴女》的变体，而最右侧抬起双臂的女子则借用了多年前画家为妻子所绘制的素描。安格尔从未去过东方，但是他在想象中创造了具有浪漫氛围的东方情调。画中，他借鉴了马利·活特列·蒙培裘夫人（其丈夫为驻奥斯曼土耳其帝国大使）对土耳其浴室的描述："浴室里约有 200 个女子，以极自然的姿势坐着，并无放肆的笑声或举止。室内的沙发上，覆盖着豪华的靠垫和绒毡。"画中的形体以圆形为主，线条流畅，人物布局和谐而有序，具有一种升华的美感。这幅画的订件人原为拿破仑三世，由于皇后认为内容有伤风化，因而拿破仑放弃购买此作，代以安格尔的自画像。安格尔对此画稍加润饰后，便转售给土耳其大使。由于其暧昧的情欲色彩，20 世纪初，该画被

奥斯曼土耳其帝国：土耳其人所建，由奥斯曼一世创立，版图初居中亚，全盛时期跨越欧亚非三大洲，17 世纪后逐渐衰落，1922 年被推翻。

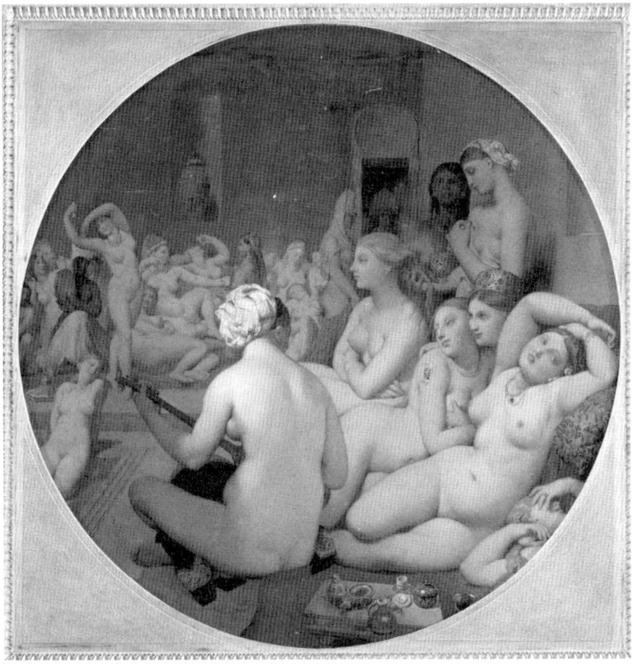
《土耳其浴室》

送往卢浮宫时两次被拒绝，1911 年，法国人才正式接纳了这幅作品，让它重返故国。

爱妻去世与续弦

“一个人的生活，总有诸多不完美的地方。当我的艺术生涯达到最高峰的时候，我的爱妻却不能与我共享这一时刻。尽管她永远对我讲同一句话：‘亲爱的，和你共度的时光如此幸福!’但是我总觉得她错过了她应得的东西。这是一个缺憾，让我看到命运的不公。命运女神把好处给了我，让我的玛德莱娜忍辱负重，承受光鲜的生活背后最辛苦的一切。我贤惠的妻子，她对此毫无怨言。越是如此，我便越感心痛！我今天的成绩，只希望你能亲眼看到!”

安格尔孤独地伫立在妻子的墓前。送葬的亲友对他讲了一些安慰的话，拍拍他的肩膀，希望他从悲痛中尽快恢复，他却表示想一个人待一会儿，最后陪一陪与他同舟共济数十年的爱人。

他在墓地间慢慢地走着，好像又回到了许久以前他们初次见面的时候。那时候他还在罗马留学，怀着初生牛犊不怕虎的勇气和一颗赤诚的心，从未想过今后将面临的跌宕起伏；而她还是一个风华正茂的年轻女子，对他所知无几。

而后他们便在一起了！除了她以外，所有人都认为安格尔是一个脾气暴躁、难以相处的人，一个乖戾的天才，而只有与她相对的时候，安格尔的性情才会平静下来。可是，谁能料到这一切呢？谁？

他凝视着妻子墓前的大理石碑。这里长眠着一位画家的妻子，这位画家毕生追求理想的、极致的美。什么样的墓碑，才配得上她的一生？

那是一块方形的、毫无雕饰的朴素石头。最后，画家明白了，至简便是至美。这般摒弃一切的朴素，最适合任劳任怨、在他身后默默无言地扶持他一生的妻子。

他久久地坐在墓碑前，眼睛望着无限的远处，仿佛在地平线的另一侧，有另一个令人神往的世界。先走一步的人将在那里等候他。他仿佛看到妻子在远远地、远远地向他挥手。

《德尔菲娜·拉曼尔》

“亲爱的……”他喃喃地说。

有那么一瞬间，他似乎真听到了妻子温柔呢喃的耳语。

他一动不动地坐着，看着夕阳一直往天际沉下去。

很长时间，安格尔身陷深深的悲痛中。1852 年，71 岁的老安格尔终于续弦。他的第二任妻子是 43 岁的德尔菲娜·拉曼尔。

“喔！好福气啊你！”亲朋好友们拍拍他的肩膀，“看得出来，你还有许多年好日子要过！”

安格尔内敛而矜持地笑着，挽着他的新娘。老画家看上去依然精力充沛，不减当年，应该还能画出许多不朽之作。

“我上年纪了，”老人温和而平静地说，“还好，到这个年纪，已经没有什么人跳出来，指着我的鼻子大声嘲笑了。我只希望过一段安安静静的日子，抓紧时间，画几年画。德尔菲娜是个好姑娘。”新娘羞红了脸，“喔，在我这个老头眼里，你当然是姑娘啦！”朋友们一连声起哄，安格尔继续说，“我一眼就看得出，她是一个会持家的好太太！她知道怎么哄这个糟老头子，把他的生活收拾得服服帖帖。我老了，”他的眼里露出无限的温情，“我现在就像一个小孩子，仰赖‘妈妈’来照顾我。也就她还不嫌弃我啦！”

老人的话淹没在众人善意的笑声中。“好了，别只管说笑啦，喝酒吃饭！”新女主人向客人们招呼道。

“你呀，一把年纪了，离酒杯远一点儿。”

老人童心大发：“我偏要喝，你还拦着我不成？”

“那，我照顾不好你，你也甭想好好画画喽。”

“遵命！”老人立马乖乖听话。

“我还有许多宏伟的计划！别看我七十多岁了，我有信心把它们都完成，而且绝不含糊！”老人雄心不减当年，豪情满怀地说。

再没有与老人针锋相对、阳奉阴违的论敌了，他们真心尊敬这位老人，敬仰他老当益壮、十年如一日地创作。

“有你在，我什么都不担心。”老人握着太太的手，压低声音，快活地说。

“他还真有福气，总是能找到贤内助。”安格尔的几位莫逆之交漫不经心地说道，“让我想起了他的第一任太太。她们多像啊。”

这位步入暮年的老人，他的晚景变得平静而孤独。每个晚上，德尔菲娜会点燃一支蜡烛，坐在钢琴前，为老人弹奏他喜欢的曲子。

“亲爱的，今天你想听什么？”

“和往常一样就好。”老人用双手支着头颅，倚靠在光滑、笨重的三角钢琴上，静静地望着妻子。她打开琴盖，略一沉吟，手指便轻快灵巧地跳跃起来。她在弹一支海顿的奏鸣曲。

妻子突然停了下来。“你是一个优秀的小提琴手，”她询问道，“在你眼里，我的技巧大概不值一提。我真以为你快睡着了。”

“不，”老人轻声说，“我不需要什么高超的技巧……我很反感这些技巧。我喜欢你的演奏，请继续吧。”

妻子重新把纤细的手指放回琴键上：“你真的喜欢？”

“亲爱的，我欣赏你的音乐感，那是真正的音乐感。”

妻子微微地笑了，从方才中断的地方接着弹下去。安格尔仍然一言不发。又过了一会儿，他笨拙地移来一张椅子，坐在妻子身边，加入了她的演奏。四只手在黑白相间的琴键上跳跃，珠联璧合。

辉煌的最后时光

泰奥菲尔·戈蒂叶赞美这位大师："他是这一时代的艺术高峰！艺术界的第一把交椅，于他当之无愧。这是至高无上的荣誉，他将永垂不朽。但丁赋予荷马'主宰者'的头衔，在年轻一代的眼中，安格尔的地位同样崇高！"

"我的幸福晚年，是在这群年轻人的簇拥下度过的。"安格尔安详地说。

"1849 年，我的玛德莱娜去世。"安格尔说，"第二年，他们任命我为国立美术学院院长，就像为了补偿我一样。那时候，我已经是国家美术委员会的成员了，还入选了沙龙评审委员会。我已经不喜欢折腾了，他们却派给我这么多职位。"

年迈的画家有时候会回一趟蒙托邦，去看看他的朋友和亲人们。

老年安格尔自画像

“这里有一条以你的名字命名的大街和一个市政当局的大厅。”

老人沿着小路慢慢地、小心地走着，脚步颤颤巍巍。他的故居过去寂寞地矗立在一片田地中，现在，它已经被高高低低的房屋包围起来。父亲和母亲都不在了，但是看到熟悉的景色，他还能回想起一些模糊的片段，那是深藏在脑海中的记忆。

“我一直致力于推广自己的艺术理念。”老人眯缝着眼，似乎半睡半醒，“有人曾说我专制、独裁，现在，我却成了官方学院派的头目，他们把我的绘画，称为‘法兰西艺术的一面旗帜’。”

1855年，他被邀请参加全欧洲画家角逐的世界博览会，展方为他开辟了一个专门的大厅。“他的作品就像供在特殊祭坛上的不朽遗体！”有人嘲笑道。

同年，他接受颁发奖赏委员会的评审邀请，却又中途退出。年迈的画家忍不住发表尖锐的看法：“这种地方再不会产生什么受人推崇的作品了！凡是好作品都被一手遮天的舆论扼杀！我这个资深美术家被迫和一个怪胎推销员并肩出席。再有令我不满的决定，我将摆脱这个组织，放弃地位和艺术创作，闭门谢客，用我最后的心血画画、欣

1996 年法国发行世界名作银币——安格尔《泉》

赏杰作，做一个勤劳的闲人！”

他依然埋头绘画，并且比任何时候更热爱这项事业。他全心地拥抱它，像拥抱孩子的母亲。“我也倍感自己的古怪。该到收拾行李的时候了！希望它越富足越好！让我生活在人们的怀念中。”他指定将自己拥有的全部艺术品遗赠给蒙托邦，在他死后，用这些艺术品建立一个小型美术馆。同时，他愈加与世隔绝，与自己深恶痛绝的、“充满低级趣味”的社交界断绝往来，只与最亲近的几位朋友保持联系，对其余一切淡然置之。

1860年，安格尔偕妻子移居农村。除了因为疏远故交而倍感痛苦，在书本、画笔和古典音乐的陪伴下，他惬意地享受着隐居生活。多年以来，他终于第一次彻彻底底远离争端，远离是非。“时光为我保存着智慧与清醒的头脑，”他满足地说，“仅此便值得活下去。”

但是人们还记得他。1862年，画家已经81岁了。这位曾饱受争议的老人再次站在了万众瞩目的位置。

“……授予安格尔先生元老院参议员称号。”掌声淹没了一切，老人却沉浸在自己的思绪中。

“这是我年轻时所渴盼的一切，现在，我回到了我出生的地方，实现了那个长久以来追逐的梦想。我喜悦吗？

我只觉得平静，洞悉世间一切的平静。仿佛时间长河在此停滞，把漫长历史中的一切，像一幅画卷一般铺展在我眼前。”

1863年，他获得了家乡蒙托邦授予的、作为法兰西国民的最高荣誉。“表彰让·奥古斯都·多米尼克·安格尔先生对于蒙托邦作出的艺术贡献，他为蒙托邦艺术馆绘制了大量艺术创作，捐献出无数堪称珍品的素描。”市长亲手郑重其事地把一个黄金的花冠戴在他头上，像他为《帝座上的拿破仑》所绘制的一样。

“即便这桂冠是皇帝才拥有的，我也不觉荣幸。”安格尔道。但是两千余位社会各阶层人士的签名却深深地感动了他。

他低头回顾着这一生。坏的日子似乎更多些，好的时光也时常接踵而来，而这老朽衰弱的肉体里，却始终居住着一个热情好动的灵魂，它不肯停歇，总是激动地跳出来，指责缺乏真知灼见的眼光，为真、善、美在世俗中遭遇的一切不公义愤填膺。在这最后的时光，如果不是自己爱与美的信仰，如果不是善良的德尔菲娜用心照顾，他将会怎样呢？这样的话，一切令人艳慕的荣誉，都抚平不了这位年迈艺术家的创痛。

在最后的日子里，他将自己视为毕生至宝的《圣母》带在身边。他住在芒克，不受世俗纷扰，以一颗宁静的心和尽善尽美的艺术理念，细细地修缮这幅作品。

“即使生命的最后一刻，一切荣誉都已经让位，而我忠实的理念从未丧失过。”

1867 年，这位大师以 87 岁高龄在巴黎与世长辞。

附录：安格尔年谱

1780 年　于8 月29 日诞生于蒙托邦，全名让·奥古斯都·多米尼克·安格尔。其父约瑟夫·安格尔是蒙托邦市的装饰雕刻师、建筑设计师、绘画教授和蒙托邦皇家美术学院院士，其母安娜·安格尔是一位宫廷假发师之女。安格尔为家中长子。

1791 年　进入图卢兹绘画雕刻建筑学院，师从油画家基廖姆·佐泽夫·罗克、雕刻家德维岗和风景画家让·勃里昂。

1794 年　师从音乐家裘努·莱冉学习小提琴，在图卢兹剧院乐队担任第二小提琴手。

1797 年　来到巴黎，经格罗介绍，进入大卫的画室学习。

1799 年　转入巴黎美术学校，但仍然师从大卫。

1800 年　1 月，以第一幅人体素描在评比中获奖；3

月，以《辛辛那图接见元老院代表》在罗马奖学金竞赛中获得第二名。

1801 年　油画作品《接见阿伽门农使者们的阿喀琉斯》赢得罗马大奖，他获得公费留学罗马的机会，但由于法国政局动荡，奖学金发放和罗马之行均遭到了阻碍。

1803 年　创作肖像画《书房里的拿破仑》，作为肖像画家的才华逐渐受到画坛关注，小有名气。

1804 年　创作《自画像》，其创作风格与早期的其他肖像画具有鲜明区别。

1805 年　创作《卡洛琳·里维耶小姐像》《里维耶先生》《里维耶夫人像》。其中《里维耶小姐像》体现了安格尔早期追求理想美的艺术理念。

1806 年　创作《帝座上的拿破仑》，被画坛大肆抨击。同年获罗马奖学金，前往罗马法兰西美术学院留学深造。

1808 年　创作《瓦尔品松的浴女》《俄狄浦斯与斯芬克斯》，后一幅画寄往巴黎参加沙龙展出。

1812 年　创作《朱庇特和忒提斯》，并送往巴黎参加沙龙展出。

1813 年　在罗马与玛德莱娜·夏佩尔结婚。

1815 年　由于生活所迫，创作并出售大量铅笔肖像画，这些作品为他赢得了极大的声誉。

1819 年　创作并展出《大宫女》《菲利浦五世和贝维克元帅》《洛哲营救安吉莉卡》，再次受到巴黎画坛的尖锐批评，同年安格尔返回意大利。

1820 年　移居佛罗伦萨。

1824 年　创作《路易十三的宣誓》，第一次受到了官方的赞誉。他返回巴黎，接受波旁王朝颁发的“荣誉军团骑士”称号。

1825 年　当选皇家美术学院院士，建立自己的画室。

1827 年　完成了尺幅宏大的天顶画《荷马礼赞》，作为向古典大师致敬之作。

1830 年　在革命时期，和艺术论敌德拉克洛瓦以及其他艺术家齐心协力，保护卢浮宫珍藏。

1833 年　在沙龙展出《贝尔坦先生》《德沃赛夫人肖像》，前者引起了巴黎画坛轰动，被公认为整个时代难得的杰作。

1834 年 在沙龙展出《圣西姆弗里昂的殉难》，备受批评。同年，他再度离开巴黎，前往意大利，接替奥拉·维尔奈的职位，担任罗马法兰西美术学院院长。

1836 年 定居美第奇庄园，主持修复宫廷和花园的工作。

1840 年 完成油画《宫女和女奴》《安条克与斯特拉托尼丝》，由于迎合了官方审美而在巴黎、罗马两地赢得巨大声誉。

1841 年 以胜利者的姿态返回巴黎，并获得了官方的赞誉，巨大的声誉为他带来了大量订件。由此，他身为学院派领袖和艺术权威的地位正式确立。

1842 年 完成《奥尔良公爵肖像》；在将大卫遗骸运回巴黎的请愿书上签名。

1843 年 在皮埃尔城堡创作壁画《黄金时代》。

1845 年 创作《奥松维里伯爵夫人》。

1846 年 为资助巴黎的贫困艺术家，拿出 11 幅作品参与蓬·努弗尔市场的募款画展。

1847 年 离开皮埃尔城堡，壁画工作未完成。

1848 年　当选造型艺术委员会成员，由于在沙龙屡遭挫折的经历，他建议撤销沙龙评审会。

1849 年　第一任妻子玛德莱娜·夏佩尔去世。

1852 年　与德尔菲娜·拉曼尔结婚。

1853 年　完成天顶画《拿破仑的凯旋》。

1855 年　在世界博览会上展出作品。

1856 年　创作了不朽杰作《泉》。

1862 年　因巨大的艺术贡献获得元老称号。

1863 年　被蒙托邦授予金色花冠。完成了《土耳其浴室》。

1867 年　罹患肺炎，于 1 月 14 日去世。遗体葬于贝尔·拉杰兹墓园，依据遗嘱，大量的绘画和素描被赠予蒙托邦市。

参考书目

[1]《安格尔》，韩雪岩编著，河北教育出版社，2008。

[2]《安格尔论艺术》，（法）安格尔，朱伯雄译，广西师范大学出版社，2004。

[3]《安格尔与德拉克洛瓦》，杨孝鸿，山东美术出版社，2005。

[4]《新古典主义时代——大卫，安格尔》，张素琪，暨南大学出版社，2002。

[5]《安格尔画传》，纪雪艳编著，中国文联出版社，2005。

[6]《古典主义时期的大师》，余丁，安徽美术出版社，2004。

[7] 美术家：http://www.meishujia.org/h.php?i=4。

安格尔作品——《奥松维尔伯爵夫人》